Jann Wattjes

Lauchentscheidungen

W0039389

Lauchentscheidungen

In der Bibel ist doch auch nicht jedes Kapitel geil

Jann Wattjes

Erste Auflage 2018

Alle Rechte vorbehalten
Copyright 2018 by

Lektora GmbH
Karlstraße 56
33098 Paderborn
Tel.: 05251 6886809
Fax: 05251 6886815
www.lektora.de

Druck: MCP, Marki
Covermotiv: Olivier Kleine, www.olivierkleine.de
Covermontage: Olivier Kleine, www.olivierkleine.de
Lektorat: Lektora GmbH, Denise Bretz
Layout Inhalt: Lektora GmbH, Denise Bretz
Printed in Poland

ISBN: 978-3-95461-111-9

Inhalt

Kindheit

Vertraut man Modewissenschaften wie der Psychologie oder dem Einstellungstest bei *Aldi Nord*, so sind unsere tiefsten Eigenarten und Verkorksungen durch unsere Kindheit bedingt.

Das werden die folgenden Texte nicht widerlegen können.

Mit spätestens acht hatte ich alle Träume und Ziele gelebt und erreicht, was mich nicht etwa ausgeglichener, sondern zu einem sehr anstrengenden jungen Mann machte. Das Ostfriesland der 90er war nicht ausnahmslos die Erfüllung eines habgierigen, nihilistischen Jungen, der lieber von Delfinen aufgezogen worden wäre. Gönnen Sie sich doch den Spaß und markieren Sie die Stelle im Buch, an der Sie Mitleid mit meinen Eltern entwickelt haben (dieses Vorwort zählt nicht).

Der menschgewordene Ostfriesenwitz

Es ist 1996. Meine Freundin ist sechs und ertrinkt in der Nordsee. Allein. Es ist das größte Unglück in Esens seit zwei Bürgermeistern. Wir rechnen in Bürgermeistern, weil jene hier immer genau 30 Jahre im Amt sind – lebendig oder nicht!

Doch ich sitze unbehelligt mit meiner Familie am Tisch. Ich bin gerade vier und mein Vollbart zwei Jahre alt geworden – Spätzünder. Mein Vater, meine Mutter, mein großer Bruder (Jan mit einem N), mein kleiner Bruder (Jannn mit drei N) und ich sitzen in unseren Indoorfriesennerzen vor einem Eintopf aus selbstgepuhlten Krabben und *Jever Pilsener*.

Mein Vater erzählt stolz, dass er morgen beruflich (er ist Robbenquäler wie alle Männer unseres Stammes) an einem Ort namens »Ruhrgebiet« im fernen »Deutschland« zu tun habe. Es sei sehr hässlich dort, was ich mir in diesem Urlaubsdomizil, in dem man seine Fischabfälle auf die Straßen kippt und jährlich ganze zwei Sonnenstunden hat, natürlich nur schwer vorstellen kann.

Erstaunt frage ich, was er noch über dieses »Deutschland« erzählen könne. Da gäbe es zum Beispiel den Osten, wo nur alle zwei Kilometer mal ein Mensch lebe, dessen politische Ansichten entweder auf den totalen Kommunismus oder den totalen Krieg hinausliefen und dessen Vokale allesamt Umlaute seien. Und ganz im Süden sei Bayern, in dem ausnahmslos fettleibige, sprachbehinderte Großväter lebten. Die waren zwar ebenso rechts – selbst Bier und Würste mussten dort weiß sein –, aber alle belächelten das aufgrund ihrer ulkigen Sprache eher. Dann gab es noch die Eifel, den Osten des Westens, und die geizigen Schwaben – eine Eigenschaft, mit der andere Völker es hier mal wesentlich schwerer hatten. Er erzählte mir von Pfälzern: kleine haarige Kobolde, die im Wald unter Bäumen und Steinen leben, die man nicht Sonnenlicht aussetzen, nass werden lassen oder nach Mitternacht füttern darf. Da wurde ich natürlich neugierig, welches Bild man in diesen skurrilen Fantasie-Regionen von unserer schönen Heimat hatte.

Also fragte der bärtige Junge: »Was sagen die Deutschen über Ostfriesland?«

Ich hatte meinen Vater noch nie weinen sehen. Vermutlich weil er zwei Augenklappen trug. Aber das Seebeben in seiner Stimme kam dem doch sehr nah.

»Sie behaupten, wir wären rückständig und blöd«, sprach er, während er ein weiteres Billy Regal ins Lagerfeuer schmiss und seinen Spiritus exte.

Meine ganze Welt, die von West- bis Hundestrand reichte, brach mit einem Mal in sich zusammen, sodass mir selbst der Appetit auf meine Lieblingsnachspeise verging: kandierte Fischinnereien mit Schokogräten. Komplett von dieser Vorstellung verstört, schrie ich wie damals unsere Hausmöwe, als der Schmied sie eingeschläfert hatte. In Ersuchen göttlichen Beistands flüchtete ich zu dem, was wir Kirche und andere Regionen Bushaltestellen nennen. Ich schluckte meinen Kautabak und begann, zu beten:

Lieber Poseidon,

bitte mach, dass endlich Frieden im Nahen Osten ist. Klar sind Abkommensbrüche und Territorialansprüche wichtig (ich war ein sehr schlaues Kind), aber keinem der beiden Völker ist mit Krieg geholfen. Weder Hooksiel noch Wangerooge.

Und bitte gib Ostfrieslands größtem Rhetoriker, H. P. Baxxter, endlich die Antwort auf die Frage nach dem Sein: »How much is the fish?!« Denn solange wir nicht wissen, was Fisch kostet, wird die ostfriesische Wirtschaft niemals gesunden. Und bitte, bitte, mach, dass der Rest des Landes damit aufhört, sich über uns lustig zu machen. Die dürfen doch schon auf einem Kontinent wohnen und sich sogar außerhalb ihres Verwandtenkreises fortpflanzen, reicht das etwa noch nicht?!

Bevor ich die weiteren Götter besänftigen konnte, indem ich Käpt'n Blaubär ein Neugeborenes opferte, erreichte den Sielhafen die jährliche Postlieferung. Die Briefseeschlange erbrach nicht mehr lesbare Briefe und verätzte Pakete an den Strand. Ich gab ihr zwei Dublonen Trinkgeld und den Umschlag mit den GEZ-Gebühren. Wir empfangen auf der Insel zwar weder Funk noch Fernsehen, aber hey, die neue Gebühren-Regelung ist natürlich viel besser, als wenn wir wie Wilde einfach dafür zahlen würden, was wir verbrauchen. Unter den Paketen befand sich ein einigermaßen gut erhaltenes Buch: die beliebtesten Ostfriesenwitze – der Hessen. Weil die Geschichte schon lange nicht mehr kohärent ist, begann mein 4-jähriges Ich, zu lesen:

»Wie viele Ostfriesen braucht man, um eine Kuh zu melken? 24 – vier Leute halten die vier Zitzen und 20 Mann heben die Kuh rauf und runter.«

Aber das war falsch! Es braucht nur 17 Männer, um Kühe auf- und abzuheben. Das lernt man doch schon in der 1. Klasse im Kuh-Unterricht.

»Warum gibt es Ebbe und Flut? Weil das Wasser sich jedes Mal erschreckt, wenn es die Ostfriesen sieht.«

Wieder falsch! Gezeiten entstehen durch die periodische Wechselwirkung von lunarer Gravitationskraft und Erdrotation. Wie man ebenfalls in der 1. Klasse im Kuh-Unterricht lernt.

»Wie viele Ostfriesen braucht man, um eine Glühbirne auszuwechseln?«

Hier war schon die Feedline totaler Müll. Bei uns gibt es überhaupt keine Elektrizität, weil die Wörter »Plus« und »Minus« im Plattdeutschen genau dasselbe bedeuten, nämlich Blpoejgslus.

Da fiel es mir wie Schuppen von den Augen: Man hielt uns nicht wirklich für rückständig und blöd. Man verwechselte uns mit Emsländern.

Damit war abgesehen von der Tatsache, dass meine Freundin wirklich in der Nordsee ertrunken war und jedes Jahr zwei Kinder aller ostfriesischen Inseln als Tribute versandt wurden, um gegeneinander um Leben und Tod zu kämpfen, alles in Ordnung. Denn der kleine Jann schwor sich, dass er eines Tages die Slambühnen des Landes bereisen würde, um dem Publikum damit zu drohen, den beschissensten Scooter-Song von seinem Smartphone laut ins Mikrofon zu spielen, sollte man ihm nicht glaubhaft versichern können, dass man das Emsland »rückständig und blöd« findet. Rückständig und blöd.

Der geschulte Leser wird an dieser Stelle gemerkt haben, dass es sich um ein Mitmach-Ende handelt. Der geschulte Poetry Slammer weiß, dass Mitmach-Texte im Regelfall schlecht oder gar nicht funktionieren. Die bisherige Statistik:

Städte, die das Emsland »rückständig und blöd« nannten:
    Hagen, Köln, Bremen, Rheinbach, Hannover, Paderborn, Schortens.

Städte, die sich »Nessaja« von Scooter anhören mussten:
    Aachen, Dresden, Dortmund, Bielefeld, Lingen. (hihi)

Als die Tiere den Wald verließen

Mein Leben – so wird man nachträglich feststellen – war nie durch klassische Nichtigkeiten geprägt wie Familie, Glaube, Liebe, Karriere oder die erste weibliche Kanzlerin werden, dann aber doch gegen alle wirklich progressiven Änderungen stimmen. Nein, mein Leben gehörte seit jeher dem Fernsehen. Ich arbeite mittlerweile sogar in jener magischen Fernsehwelt, freue mich aber trotzdem wie jeder andere Mensch, wenn ich Feierabend habe: weil ich dann fernsehen kann. Der Fernseher hat mich erzogen und mir alles beigebracht, was ich weiß. Wie eine Gesellschaft zusammen an einem Strang ziehen muss, lernte ich im *Super Toy Club*, dass auch gleichgeschlechtliche Paare Kinder aufziehen können, lernte ich von Timon und Pumbaa und das Marsupilami lehrte mich, dass der Begriff »Kreativität« eine sehr schwammige Definition haben muss. Fernsehen war für mich da, wenn es mir schlecht ging, und dafür verantwortlich, dass es mir gut ging. Sogar meinen ersten Kuss … habe ich im Fernsehen gesehen.

In meiner Kindheit gab es nicht einen freien Tag, an dem ich nicht zu Uhrzeiten aufstand, zu denen ich heutzutage nicht einmal mehr vor Feuer aus dem Bett flüchten würde, um mich vor den Fernseher zu setzen. An einem dieser Tage, ein stürmischer Samstag, schien alles wie immer: Genüsslich stippte ich einen Pommbären in meine Schokoladenmilch, während Winnie Puh, dieses fette Stück Scheiße, auf Super RTL abermals in einem Bau feststeckte. Noch während ich die Episode bissig rezensierte, schlugen mehrere Blitze auf einmal um meinen Heimatort ein. Das Bild des Fernsehers: WEG! Geistesgegenwärtig versuchte ich, auf RTL2 oder wenigstens KIKA umzuschalten. Ich wollte ganz bestimmt kein Buch lesen, wie ein gottverdammter Neandertaler, und für alle anderen Aktivitäten war ich zu unbeliebt oder zu fettleibig. Pommbären in Schokoladenmilch sind nicht so gesund, wie sie klingen.

Meine letzte Hoffnung: Videokassetten. Ja, so alt bin ich dann doch schon. Das Problem: Alle coolen Videos konnte ich schon in allen Sprachoptionen und Vorspulgeschwindigkeiten mitsprechen. Nur eine Sammlung verweilte bislang ungerührt im Videoschrein: *Als die Tiere den Wald verließen*. Oma Wilhelmina (ein Name, der wie kein anderer für Spaß steht) hatte sie mir geschenkt, mit der höflichen Anmerkung, dass ich dabei wirklich etwas lernen könne. *Etwas lernen* war in meiner Lebenswelt etwa so hoch angesiedelt wie gesundes Essen, Zahnarztbesuche oder den feuchten Finger meines großen Bruders im Ohr zu wissen. Weshalb ich es bis heute nur auf den Schockmoment schieben kann, diese Videokassette tatsächlich in den Rekorder geschoben zu haben.

So weit, so gut. Zeichentrick, sprechende Tiere. Was soll hier schiefgehen können? 39 Episoden, 16 Stunden Laufzeit und 19 Jahre psychiatrische Behandlung später weiß ich: ALLES!

Sie lesen nun eine unveränderte Inhaltsangabe.

Schon die Introsequenz zeigt, wie dystopische Baggerschaufeln und Zementlawinen den Lebensraum knuddeliger Waldtierchen zerstören. Die Tiere entschließen sich deshalb, in ein entferntes Reservat zu fliehen, VERDURSTEN fast in der ZWEITEN Episode, überqueren verlustreich eine Schnellstraße, nur um auf einem Militärgelände zu landen, auf welchem die Wassermolche in einem Feuer sterben. Die Tiere schaffen es zu einer Scheune, wo dann beide Fasane friedlich erschossen werden.

Ich will nicht behaupten, ich hätte damals komplett verstört in der Ecke gekauert. Aber wenn man bis zu dieser Episode die Tiere durch Menschen und die Menschen durch Zombies ersetzt, hat man 1:1 den Plot von *The Walking Dead*.

Aber es geht erbaulicher weiter. Die neugeborenen Feldmäuse werden von einem Raubvogel gefressen, ein Kaninchenbaby wird erschossen, die Igel auf der Schnellstraße überfahren; aber dann erreichen sie das Reservat und es ist zu Ende. Die ERSTE Staffel.

Seelisch und philosophisch komplett verroht, stellte mein 5-jähriges Ich fest, dass es keinen Gott geben kann und das Leben eine bedeutungslose Aneinanderreihung von Qual ist. Ich bin nie zuvor überhaupt mit Tod konfrontiert worden und dann mehrfach mit dem von niedlichen Tierchen. Keine unausweichlichen Tode, sondern solche, die sich jemand ausgedacht hat, damit Kinder wie ich sie sich ansehen!

Ob es jetzt positiv ist, dass ich Vogelnester mit meinem eigenen Leben schütze, CDU-Wählern die Reifen aufsteche und in meinem Uni-Schließfach heimlich Bäume pflanze, sei mal dahingestellt. Aber ich bin mir sicher, dass große Teile meines Umweltbewusstseins und Tierliebe dadurch motiviert sind, dass man mir schon damals den Glauben an das Gute nahm.

Diese Traumabewältigung entstand für einen Auftritt auf der Landesgartenschau 2017 in Bad Lippspringe – vor circa fünf wechselnden Leuten. Dass mir zu dem vorgegebenen Thema »Wald« eine Kinderfernsehserie eingefallen ist, charakterisiert mich vermutlich besser als alles andere, was hier noch kommen kann.

Keiner braucht Schildkröten, die sollen raus aus meinem Land

Ziegen können singen wie Miley Cyrus
Schneehasen sind unsichtbar, wenn's am Schneien ist
Papageien können sprechen
Krähen nutzen Ampelphasen, um Nüsse aufzubrechen
Katzen können sich selbst mit der Zunge putzen
Schweine sind dazu in der Lage, Joysticks zu benutzen
Seehunde können für 'ne Hand voll Hering sogar Tricks
Nur Schildkröten. Schildkröten können gar nix
Nichts. Null. Ich hab's getestet
Hab' einige dressiert, andere gemästet
Man könnte Schildkröten als die süßten Welpen verkleiden
Und trotzdem könnt' sie niemand leiden

Bester Freund des Menschen
Den Titel haben Hunde sich verdient
Sind knuffig, bewachen, erschnüffeln Weed
Der Einsatz von Blindenschildkröten
Zählt verfassungsrechtlich schon als Töten

Im Zirkus tanzen Löwe und Bär
Bienen stellen Honig her
Kühe produzieren Milch in ihren Eutern
Den Adler fand man so cool
Der wurde das Wappentier von Deutschland
'ne Schildkröte als Wappentier
Gibt's vielleicht in Laos oder Ungarn
Anstatt Schildkrötensuppe
Würde jeder aus Protest verhungern
Hühner dagegen schmecken auf alle Arten
Frittiert, frikassiert, gegrillt, gebraten
Von denen ist sogar die Periode essbar
Der Unnutz von Schildkröten
Ist in natürlichen Zahlen nicht mehr messbar
Kängurubabys werden im Beutel getragen
Und sehen süß aus
Wenn Schildkröten Hunger haben
Fressen sie ihre Jungen einfach auf
Vögel singen, Vögel können fliegen
Schildkröten nicht mal springen
Und wenn sie auf dem Rücken liegen
Sind sie so gut wie tot!
Die können nicht mal alleine aufstehen
Ratten sind auch kacke, aber die können Ultraviolett sehen

Und Flugratten können so cool durch die Luft gleiten
Katzen sind schön, auf Pferden kann man reiten
Affen und Mäuse haben die Forschung weit gebracht
Nur Schildkröten – da hat die Evolution 'nen Fehler gemacht
Eintagsfliegen, die haben Anstand und sterben recht bald
Schildkröten werden über 100 Jahre alt

Die Viecher ergeben keinen Sinn
Fressen, scheißen, legen sich wieder hin
Sehen kacke aus, verschmutzen dir den Pool
Dank Luke Mockridge sind nicht mal mehr die Turtles cool
Schildkröten braucht kein Mensch
Unter allen Tieren klar die dämlichsten
Aber dem Menschen damit auch irgendwie am ähnlichsten
Wer hier kann Ultraviolett sehen? Die Wenigsten
Und wenn's um Arbeit geht, sind wir doch am behäbigsten
Um »fliegen« zu können
Vergasen wir uns die Ozonschicht kahl
Menschen zu essen, ist wahrscheinlich gar nicht übel
Aber illegal
Auf anderen Menschen reiten, kann man genauso knicken
Außer man leistet 'ne Menge Überzeugungsarbeit
Und nennt es ... anders
Merken Sie, wie sehr dieser Text Sie nervt?
Menschen haben nicht mal Unterhaltungswert!
Und Schildkröten, wenn wir ehrlich sind
Sind zwar kacke, aber nehmen das hin
Menschen, zumindest die meisten
Sind furchtbar und halten sich für die Geilsten
Mit den coolen Tieren – Delfin, Otter oder Specht
Rumzuhängen, haben wir gar kein Recht

Menschen sind Mörder, Nazis, pervers und verrückt
Wenn sich 'ne Schildkröte mit einem abgibt
Dann hat man richtig Glück

Dieser verstörend positiv ausklingende Slam-Text war eigentlich nie als solcher gedacht, sondern belegte ursprünglich in einem Preisausschreiben zum Thema »Gedichte über Toleranz« den zweiten Platz. Warum ich daran teilnahm und ob der erste Platz auch bereits ein eigenes Buch veröffentlicht hat, ließ sich leider nicht restlos aufklären.

Das erste heilige Tribunal der Vorschulgruppe »Frosch«

Direkt nach McDonald's Spielplätzen sind Vorschulklassen der relevanteste Tummelplatz verhaltensauffälliger, entwicklungs-verzögerter und einfach saudummer Kinder. Ich – das wird niemanden ernsthaft überraschen – war eines davon. In Vorschulklassen herrscht eine seltsame Gruppendynamik. Allen ist klar, dass man nur für ein Jahr eine Klassengemeinschaft bilden wird. Einige denken, sie seien in einem Kindergarten für Kluge, andere wissen, sie sind in der 1. Klasse für Dummies gelandet. Frau Reutershahn-Teichmüller von Holtzhausen-Wipperfurth, eine stämmige Pädagogin, viermal mit Gewinn geschieden und mit allen Abwassern gewaschen, hatte daher ihre liebe Mühe, uns geschlossen für Themen zu begeistern wie »rechts und links«, »Fahrradhelme« oder »der Nährwert von Wachsmalstiften«. Jedoch wird keiner der Beteiligten jemals vergessen können, was sich abspielte, als der emotionsbehinderte Sönke erstmals seinen Finger aus der Nase zog, um ihn in die Luft zu heben und die eine bohrende Frage nach dem Sein zu stellen:

»Warum heißt unsere Gruppe ›Frosch‹?«

Sämtliche Kinder pausierten ihr Treiben, als hätte man das Raum-Zeit-Kontinuum ausgesetzt: Fabian unterbrach das gierige Trinken seines Tuschwassers, Julian und Legasthenian ließen davon ab, Torben mit Brennnesseln auszupeitschen, und selbst die Mädchen stoppten ihr Ritual, sich gegenseitig Plastik in die Haare zu knoten. Einzig Swjatoslaw war nicht davon abzubringen, »Darth Maul« in die Kaninchentränke zu pissen. Aber dessen Deutsch beschränkte sich auch auf die Phrasen »Ich war das nicht« und »Lass Pokémonkarten tauschen«.

Frau Reutershahn-Teichmüller von Holtzhausen-Wipperfurth war sich der Brisanz dieser Frage bewusst, wählte aber, statt der sicheren Flucht durch das Fenster, die falschest mögliche Antwort: »Frösche sind doch cool.«

»Nee«, korrigierte Sönke, während er seinen Finger wieder vorfreudig in die Nase zurückjustierte.

»Tiger sind cool!«, schrien Legasthenian und sein Zwillingsbruder Dyslexander mit derselben Energie, mit der sie sonst Wörter wie »du« falsch schrieben.

»Ich mag Spinnen«, sagte dieses seltsame Mädchen, das es in jeder Schulklasse gibt und dessen Namen man sich nicht merkt, weil es immer ungewaschene Haare hat und nach Mortadella-Brötchen riecht, ohne solche jemals tatsächlich zu verzehren.

Spätestens jetzt dämmerte allen Anwesenden, was zu tun war. Wie von Zauberhand räumte der Tafeldienst alles – mitsamt Frau Reutershahn-Teichmüller von Holtzhausen-Wipperfurth – an die Seite und stapelte Tische wie Stühle zu Richterpult, Anhörungsbank und Publikumssitzen. In die Mitte des Pultes setzte man Simon, der war in der

Klassenhierarchie ganz oben, weil sein Vater Anwalt war und er deshalb immer das coolste Spielzeug mitbrachte. An seinen Seiten Fabian, mit fünf Jahren Vorschulerfahrung der Klassenälteste, und Rollstuhl-Ralf, weil den alle für einen Cyborg hielten.

Simon nahm sein Holzschwert, schlug es auf den Tisch und erklärte das erste heilige Tribunal der Vorschulgruppe »Noch-Frosch« für eröffnet.

Hintereinander würde jedes Kind das Tier, das es für das coolste hielt, präsentieren, ehe unter richterlicher Anleitung im Plenum eine Entscheidung getroffen werden würde.

Den Anfang machte Mobbingopfer Torben mit dem Gorilla. Noch bevor er seine schlechte Wahl begründen konnte, verurteilte man ihn zu fünf Wochen Schwitzkasten.

Die Mädchen hatten sich derweil zu einer einzelnen Partei zusammengerottet und hielten einen flammenden, emotionalen, völkerverständigenden und hochphilosophischen Appell, dass das Pferd das beste Lebewesen auf Erden darstelle. Leider Gottes sind Mädchen einfach nur kacke. Was als Vorschüler natürlich nicht chauvinistisch, sondern total niedlich gemeint ist. Auch dieser Vorschlag wurde daher verfahrensgerecht disqualifiziert.

»Ich bin für die Kuh«, empfahl Mahesh etwas weniger flammend. Wir nannten ihn immer nur Tsatsiki, weil er bestialisch nach Curry stank, wir aber keine Rassisten sein wollten. Es handelte sich damit dennoch um den ersten formal akzeptablen Vorschlag, selbst wenn die Buchmacher Klebstoff-Klaas und der einäugige Bohrmaschinen-Boris ihm keine hohen Gewinnchancen zuschrieben.

Die Task Force »Dino« machte derweil einen zerfahrenen Eindruck, da man sich nicht einmal auf eine Sorte Dinosaurier einigen konnte. Aber ein Tyrannosaurus Rex ist nun einmal nicht dasselbe wie ein Pterodaktylus – so konnte man es später Dyslexanders Protokoll entnehmen. Nach und nach sammelte sich ein bunter Haufen Vorschläge wie Einhörner, Drachen, Ninja Turtles und Teletubbies. Der Panda wurde derweil abgelehnt, unter der Begründung, dass man eine seriöse Vorschulklasse nicht nach einem Fabelwesen benennen könne. Während die anderen tuschelten, kippelten und stritten, in wessen Schwitzkasten man Torben verbannen würde, bahnte ich mir wie in Trance meinen Weg zum Rednerpult. Ich hatte mir noch keine Gedanken gemacht, was ich sagen würde, und ließ einfach sprechen, was in meinem Herzen war. Denn so hatte ich es bei *Digimon* gelernt.

Liebes Tribunal,
Wir stehen hier heute nicht vor einer einfachen Wahl
Wir stehen hier heute im Angesichte der Geschichte selbst
Entscheiden gar über den weiteren Verlauf dieser Welt!
Daher sollten euer aller Bemühungen Respekt verdienen
Doch das beste Tier ist der Delfin.
Der Delfin ist Säugetier und Fisch zugleich
Herrscht singend über Meer- und Himmelreich
Der Delfin – so berichten es die Ahnen
Schwimmt in zwei Minuten tausend Bahnen
Der Delfin kann zeitreisen
Sprite scheißen
Er hat den Cheeseburger erfunden
Macht Schwarz-Weiß-Filme zu Bunten

Er muss niemals zur Toilette gehen
Kann den Kopf einmal um die ganze Achse drehen
Im Nahen Osten jobbt er als Vermittler
Der Delfin ist das Gegenteil von Hitler
Wir wissen zwar alle nicht, wer das war
Denn wir sind Kinder
Delfine dagegen sind immer vierzehn
Coolstes Alter – kann man ja bei Schloss Einstein sehen
Delfine essen immer Nutella auf ihrem Toast
Spenden Geld, Wärme, und Trost
Delfine können die Kommastellen von Pi rückwärts aufsagen
Können das 100-Fache vom Gewicht einer Ameise tragen
Delfine sind schlau wie Google
Und unterhaltsam wie Netflix
Machen die besten Weihnachtsgeschenke
Verlangen aber im Gegenzug gar nichts
Delfine haben einen Echo-Instinkt
Durch den für alle Anwesenden Helene Fischers Musik
Wie Radiohead klingt
Delfine heilen Schnupfen, Brüche, Tod und Rassismus
Delfine leben in einem funktionierenden Sozialismus
Ein Delfin ist jemand, der bei pizza.de schaut
Aber dann über's Telefon bestellt
So bekommt der Lieferservice dann nämlich mehr Geld
Und deshalb ist der Delfin das beste Tier der Welt.

Ein tosender Applaus zog durch die Massen, einigen fror das Lächeln für immer im Gesicht ein, andere rührte es zu stolzen Tränen. Selbst Frau Reutershahn-Teichmüller von Holtzhausen-Wipperfurth weinte jubelnd in ihrem Lego-Technik-Gefängnis. Manche tanzten, manche verliebten sich, alle lagen sich in den Armen. Sogar Torben lag eng umschlungen in jemandes Arm. Klebstoff-Klaas beschrieb es später als einen Moment ungeahnter Ekstase mit zitternden Gliedmaßen und geweiteten Pupillen, was aber auch an seiner Ernährung gelegen haben könnte.

Noch lange Jahre darüber hinaus wurde die Rede verwendet, um vor dem Kultusministerium korrekten Sachunterricht in Vorschulen zu beantragen. Vor allem aber auch zu den Eröffnungen folgender heiliger Tribunale – der Vorschulgruppe »Delfin«.

Wie alle anderen Texte dieses Buches beschreibt auch dieser reale Geschehnisse. Klebstoff-Klaas arbeitet heute als Bauzeichner in Hannover und hat nach eigener Aussage Ersatzdrogen gefunden. Frau Reutershahn-Teichmüller von Holtzhausen-Wipperfurth hat sich niedergelassen und adelig geheiratet. Sie lebt heute als Angelika-Regina Reutershahn-Teichmüller von Holtzhausen-Wipperfurth von und zu Zedlitz-Neukirch im österreichischen Pfaffenschlag bei Waidhofen an der Thaya. Legasthenian Ehrlich und Dyslexander Ehrlich touren heute als Zaubererduo durch die Republik. Fabian hat es noch immer nicht aus der Vorschule geschafft, Torben derweil noch immer nicht aus dessen Schwitzkasten.

Inselunbegabung

Alles begann auf der exzessiven Party zu Hinnerk Kaplons achten Geburtstag. Ich fand mich dort überhaupt nur wieder, weil es einfacher war, die gesamte 2b anstatt allen außer mir einzeln einzuladen. Während die anderen Kinder ihn reichlich mit *Chupa-Chups-Crazy-Dips* und *Dragonball*-Stickern, die sie doppelt hatten, bedachten, schenkte ich ihm die vollständigen Lösungen für das Mathe-Arbeitsheft. Die konnte er nämlich wirklich gebrauchen. Es gab in der 2. Klasse zwar noch keine Noten, aber es war eine dieser unausgesprochenen Wahrheiten, dass sich die örtliche Förderschule wegen Hinnerk schon gierig die Hände rieb.

Die anderen Kinder führten gerade eine hitzige Debatte darüber, dass der Kampf zwischen Pikachu und Onix der größte Skandal der Unterhaltungsindustrie sei. Andersdenkende wurden mit Beyblades gesteinigt. Mich interessierte die Tätigkeit von Hinnerks Vater im Finanzwesen deutlich mehr, weshalb wir lieber mit alten Quartalsabrechnungen spielten. Doch um Punkt 14:52 Uhr und 26 Sekunden kam dann der große Moment: Hinnerks Mutter trug eine Geburtstagschokoladentorte von 28 Zentimetern Durchmesser in den Raum, verziert mit acht in ekelhafter Unregelmäßigkeit angeordneten Kerzen. Ich richtete die einzig logische Frage an Hinnerks Vater, der nun in ungünstigem Winkel einen Camcorder auf seinen zum Kerzenausblasen bereiten Sohn hielt:

»Um welche Uhrzeit ist Hinnerk geboren?«

»So gegen 6 Uhr abends«, flüsterte er, während alle gespannt auf sein Pusten hinklatschten.

Noch im Luftholen, versuchte ich, zu warnen: »Hinnerk, du darfst nur sieben Kerzen ausblasen, sonst sind sämtliche gesellschaftlichen Konventionen, alle erlernten sozialen Umstandsformen und alle 2.919 Tage deines bisherigen Lebens gänzlich entwertet!«

Denn wenn die Uhrzeit von Hinnerks Geburtstag irrelevant für das Löschen der Kerze wäre, dann müsste auch egal sein, ob Hinnerk seinen Geburtstag jeden Monat fünffach oder nur alle vier Jahre nach dem *Age-of-Empires*-Kalender feiert. Dann könnte auch die *Tagesschau* einfach jeden Tag zu einer anderen Uhrzeit laufen und, statt über die Welt, nur noch über Nobiskrug berichten.

Hinnerks Pusten erlosch sechs Kerzen, seine feuchte Aussprache die restlichen zwei. Der Rest von Aufzeichnung und Abend war dadurch geprägt, dass ich in der Ecke saß und ein trommelfellschmirgelndes Siedegeräusch von mir gab.

Diagnose wie gesellschaftliche Isolierung ließen nicht lange auf sich warten: Ich war anders. Aber okay anders. Auf dem Dorf ist Anderssein noch vollkommen in Ordnung, solange man heterosexuell und weiß ist. Und CDU wählt.

Natürlich ist es nicht angenehm, an der Kasse jedes Mal zurückgerufen zu werden, weil das Kassenpersonal meine 1-Cent-Stücke einzeln zählen möchte, anstatt einfach anhand von Volumen und Gewicht schließen zu können, dass es sich um den passenden Betrag handelt. Oder nach wie vor alle 152 ICQ-Nummern aus meiner damaligen Freundesliste samt Quersummen rekonstruieren zu können, aber nicht in der Lage zu sein, sich die Gesichter seiner Arbeitskollegen zu merken. π bis auf die πste Nachkommastelle bestimmen zu können, aber Weinen und Lachen nur unterscheiden zu können, wenn ich kurz den Salzgehalt der Wangen erlecken darf. Die wöchentliche Delfintherapie kann mir hingegen gar nicht geschadet haben. HEIL FLIPPER! Primzahlen physisch zu hassen, ist allerdings wahnsinnig anstrengend. Primzahlen sind das mathematische Äquivalent von zu dir nach Hause kommen, sich nicht die Schuhe auszuziehen, auf deiner Toilette nicht zu spülen, dir die roten Gummibärchen wegzuessen, zu entscheiden, dass du heute Abend *Das Supertalent* guckst und dich dabei mit einem Stabfeuerzeug zu vergewaltigen.

»Höhö, ich bin eine Primzahl, ich lass mich nicht teilen. Beug dich mal nach vorne.«

Autistische Züge oder Asperger sind noch weit entfernt von tatsächlichem Autismus. Solche Menschen haben Probleme, nicht ich. Zumindest dachte ich das. Bis 2010.

Weil Poetry Slam nur Germanistik-Studenten und Lehrer abfeiern, begab sich meine erste Begegnung mit dieser »Kunst« in der 10. Klasse. Ein bärtiger Mann mit Schiebermütze und Chucks demonstrierte uns auf Kosten von vier Unterrichtsstunden anhand eines teils gereimten, teils ironischen, teils geschrienen, teils emotionalen, teils linkspolitischen Textes, wie Slam-Texte funktionieren, und bat uns dann, selbst einen solchen zu schreiben und vorzutragen. Als ich mich am nächsten Tag auf die Bühne stellte, ahnte ich nicht, wie sehr es mein Leben verändern würde. Der Text begann in etwa so:

»Eines Tages, Baby, werden wir alt sein. Oh, Baby, werden wir alt sein und an all die Geschichten denken, die wir hätten erzählen können ...«

Und ich stoppe hier, denn es wurde nicht besser. Als ich fertig war, blickte ich in traumatisierte Gesichter. So etwas Beschissenes hatten sie noch nie gehört. Ich hatte auch noch gesungen und einen Songtext übersetzt, was im Poetry Slam ausdrücklich verboten ist! Sollte dieser Text jemals an die Öffentlichkeit gelangen, würde er das gesamte Image der Poetry-Slam-Szene nachhaltig beschädigen, weshalb ich zum Schulpsychologen zitiert wurde. Nach langem angespanntem Schweigen verkündete er, dass ihm meine Erkrankung nun klar sei: Ich habe eine Inselunbegabung. Ich habe autistische Züge, kann dafür aber eine Sache besonders schlecht: Poetry Slam. Meine Texte ergeben keine kohärenten Zusammenhänge, springen von Geburtstagspartys zu irrational hoher Aufregung über Julia Engelmann.

Ich könnte keine Reime vortragen,
weil die Grundlagen
dafür, zu wagen,
die Dinge zu sagen,
die Leute sich fragen,
zumindest für mein Behagen
nie in Endreimen lagen
– ohne das zu beklagen.

Meine Texte würden einem auch nie politisch weiterhelfen, indem sie z. B. sagen, dass es Unsinn sei, eine Partei deshalb zu etablieren, weil sie nicht zu den etablierten Parteien gehört und sich zwar nicht für einen selbst einsetzt, aber eben gegen andere.

Und ich betone meine Texte nicht anders, als ich sowieso spreche. Das kann ich, Steffi Graf der Monotonie, auch gar nicht.

Zu allem Überfluss sehe ich dann auch noch scheiße aus. Wie Thomas Tuchel in verwahrlost.

Scheiß auf meine autistischen Züge, damit kann ich leben. Versteh ich halt eure Mimik nicht, das ist im Ernstfall strafmildernd. Erkenne ich halt keine Stimmen in Sprachnachrichten – so hab ich mich jetzt schon mehrfach darüber freuen können, dass *Spongebob Schwammkopf* sich mit mir treffen wollte. Und es ist okay, dass ich keinen Humor verstehe – das Publikum versteht meinen ja offensichtlich auch nicht!

Aber nicht slammen zu können, obwohl ich regelmäßig auf diesen Bühnen stehe, tut mir ähnlich weh wie die sieben Punkte, die dieser Text für seine Erstaufführung von einem Juror bekam. Weil das eine verfickte Primzahl ist!

Dieser Text geht auf das reelle Problem zurück, dass jeder, der schon einmal eine ganze Folge *Frasier* gesehen hat, meint, anderen Personen irgendwelche psychischen Probleme diagnostizieren zu können. Es ist wahr, dass ich in überdurchschnittlichem Maße Dinge wie Polynomdivisionen oder Altgriechisch beherrsche, aber 30 Minuten für eine Schuhschleife brauche und meine Brötchenauswahl singen muss, um nicht versehentlich tausend Laugenecken zu bestellen. Aber ich bin kein »Autist« und finde nicht, dass unsere moderne Sprachsensibilität bei diesem Wort die Augen zudrücken sollte.

Horoskope sind wahr und der HSV wird deutscher Meister

Wissen ist Macht, Glauben ist Machter
Dachte ich mir und in einer Nacht, da
Hatt' ich plötzlich wieder die ganze Bibel durchgelesen
Wie das immer ist:
Man denkt: »Was ist noch mal in Gen 38,9 los gewesen?«
Und schon hat man das Alte Testament durch
Und es ist halb sieben
Natürlich nicht wirklich
In Echt hab ich mich nur wieder zwölf Stunden
Auf Twitter rumgetrieben
Aber auch ohne zu wissen, was drin steht
Die Bibel reicht nicht immer, wenn's um Antworten geht
Wieso sollte man Fremde mit Süßigkeiten meiden?
Ab wann ist es gefährlich
Seine Zehennägel nicht zu schneiden?
Bin ich zu schlau für Hip Hop oder zu dumm?
Wann bringt sich Lana Del Rey endlich um?
Dürfen Veganer Pflanzenpokémon essen?

Warum leben Menschen freiwillig in Hessen?
Wieso darf meine Katze nicht auf den Catwalk?
Wie defäkiert Catdog?
Wecken andere ihre Partner auch mitten in der Nacht
Wenn sie merken
Dass der *Crispy Chicken* King des Monats ist?
Wo kommen die ganzen Kinder hin
Die man im Smøland vergisst?
Was bitte qualifiziert Batman als Superheld?
Wie steht's mit Liebe, Gesundheit, Geld?
Zumindest darauf jeden Tag 'ne Antwort, das wär dope
Nicht verzagen, lyrisches Ich
Denn es gibt ja: das Horoskop!
Astro TV, Brigitte, Facebook – die Auswahl ist riesig
Wer da noch nach dem Sinn des Lebens sucht
Ist out und spießig
Mein Sternzeichen, wie meine Eltern es damals erzählten
War nur irgendwie nicht im Horoskop vertreten
Nach viel Recherche bekam ich dann den Tipp
Dass es unter den Sternzeichen gar keine bettnässende
Bastardratte gibt
Ich werde das Gefühl nicht los
Dass ich kein Wunschkind war
Nicht dass ich mich beklage:
Aber mein richtiges Sternzeichen ist Waage.
Wer kam denn auf die Idee?
Schütze, Wassermann, Zwilling, okay
Oder halt ein cooles Tier
Skorpion, Löwe, Widder, Stier
Was hat 'ne Waage da verlor'n?
Das ist wie Paris, New York, Mailand, Paderborn

Das ist die FDP unter den Sternzeichen
Aber besser als bettnässende Bastardratte
– das muss reichen
Meinem Geburtsdatum nicht so ganz verziehen
Wälze ich durch die Kategorien
Geld: Sie wenden zu viel Zeit fürs Bücherschreiben auf
Beruf: Ihre Firma wird von einem Scheich aufgekauft
Doch halb so wild, alle dürfen bleiben
Außer Ihnen, Sie kann der Scheich nicht leiden
Liebe: Die Sterne senden klares Zeichen
Eigentlich müsste Ihr Sternbild Jungfrau heißen
Gesundheit: Manchmal hilft es Ihrem Körper viel
Beim Baden mit offenen Stromleitungen zu spielen
Sie denken doch nicht, jede Waage
Bekommt in der Brigitte Vorhersagen für jede Lebenslage
Hier basteln sich Schulpraktikanten was zurecht
Unbezahlt. Den Printmedien geht's schlecht
Was glauben Sie
Auf wen schneiden wir diese Horoskope zu?
Übergewichtige Mittdreißigerinnen mit Wadentattoo
Da ist scheißegal
Ob Sie am 01.06. oder 30.02. geboren sind
Im Beruf immer nach Chancen gucken
Die große Liebe werden Sie bald finden!
Und wenn nicht, rufen Sie halt an zur Astro-Beratung
Warum hat unser Hausmeister denn auch sonst
Das neue Smartphone?
Wird aber gepfändet
Wann auch immer der Laden hier dichtmacht
Nur eins ist sicher:
Horoskope haben noch nie jemandem was gebracht

Wissen Sie, wer die Sternzeichen erfunden hat?
Wir auch nicht, aber wahrscheinlich die Nazis
Nostradamus oder BAP
Denn das ist nicht nur »verdammt lang her«
Sondern es hat auch verdammt keinen Wert
Nur weil man Ihrem Geburtsmonat ein Sternbild
Das im Kokarausch wie ein Küchenutensil aussieht
Zugeordnet hat
Haben Sie heute nicht besonders viel Glück im Job
Oder passen besser zu einem Krebs als einem Steinbock
Hier sitzen Woche für Woche besoffene
Studienabbrecher und spielen Gott
Und Sie glauben auch noch diesen Schrott!

So ein langes Horoskop hatte ich noch nie gelesen
Und doch war ich mir nie sicherer gewesen
Etwas gelernt zu haben:
Traue niemals Mittdreißigerinnen mit tätowierten Waden.

In einer der Adel-Schlager-Klatschzeitschriften meiner Großeltern,
welche sie selbstverständlich nur der Kreuzworträtsel wegen
horteten, wurde mir und den komplett identischen Persönlichkeiten,
die ebenfalls unter dem Sternzeichen Zwilling leiden, empfohlen,

sich mit mathematischen Schwächen abzufinden und stattdessen zu tun, was mir/uns wirklich lag.

So schwand meine Faszination für Zahlen, Rechenrätsel und Matrizen, um mich auf meine wahre Stärken besinnen zu können: *Mario Kart* und Schreiben. Noch in der 3. Klasse schrieb ich den klassischen Bildungsroman »Die magische Reise des Eisverkäufers, der vom Weiten aussah wie ein hochrangiger Funktionär, auf den zweiten Blick aber ein ganz einfacher Typ mit einer Schippe voller Probleme war« und das systemkritische Musical »Flips und Fanta für Sachsen-Anhalt«, die es leider nicht in diese Sammlung schafften.

Die Delfintherapie

Wissen Sie eigentlich, wie Delfintherapien funktionieren? Nein? Die Beteiligten nämlich auch nicht.

Ich war ein sehr ehrgeiziges Kind. Wollte immer an erster Stelle stehen. Hatte dabei aber eigentlich eher die Pokémon-Liga im Sinn als das autistische Spektrum.

»Jann, Jann. Guck mal, wer hier ist! Kannst du mich verstehen? Ich bin's: Mama. Ich hab' so tolle Nachrichten und wünschte, sie würden zu dir vordringen. Du wirst mit Delfinen schwimmen, Jann! Delfine! Delfine, die dir helfen wollen!«

»Mutter. Zum hundertsten, okay, nein, hundertdritten Mal: Ich bin nicht autistisch. Viele Kinder fangen in der Schuluntersuchung den Ball nicht und fangen stattdessen dann an, zu weinen und zu schreien und ihre Plüschtiere auszuweiden. Und wenn ein Kreis nicht exakt symmetrisch ist, ist er kein Kreis, sondern maximal ein Oval und selbst das schied bei dem Unfall, der dort an die Tafel gepinnt wurde, aus. Sollte unsere Gesellschaft wirklich die Kinder als krank bezeichnen, die ihre Lego-Steine zum Vergnügen korrekt nach Größe und Farbe sortieren, anstatt jene, die damit »Indianerhöhlen« bauen, was nach meinem Verständnis grob rassistisch ist? Und dieser Psychiater war ja wohl auch nicht das Gelbe vom Zauberwürfel. Wie soll ich denn mit jemandem sprechen, wenn ich zu beschäftigt bin, durch den Mund zu atmen, weil die betreffende Person aus ihrem Mund nach Gurke stinkt? Nach Gurke! Kein klassisches Mundgeruchsmittel wie Bier oder Knoblauch. Damit ein Mensch erkennbaren Gurkengestank aus dem Mund erzeugt, muss er über einen Mindestzeitraum von 32 Stunden ausnahmslos Gurken verzehren und auf jegliche Form der Zahnreinigung verzichten. Warum hat so ein Mensch die Macht, anderen Menschen das Schwimmen mit Delfinen zu verordnen?«

Meine Mutter erweckte nicht den Eindruck, als hätte sie verstanden: »Delfin! Er hat Delfin gesagt! Janns Vater, komm schnell, Janns Vater (ich werde oft gelobt für meine lebensnahen Dialoge)! Er hat mich gehört. Jann freut sich auf die Delfine!«

Damit war es beschlossene Sache. Statt der *PlayStation* gäbe es dieses Weihnachten Delfintherapie. Eine Urlaubsreise an die tropischen Strände von … Nürnberg. Wo ich nun stand. Ein kleiner, fetter Junge in einem zu engen Schwimmanzug mit bewegungseinschränkenden Schwimmflügeln.

»Du siehst aus wie ein *Power Ranger*!«

»Nein, Mama, ich sehe aus wie ein kleiner, fetter Junge in einem zu engen Schwimmanzug mit bewegungseinschränkenden Schwimmflügeln.«

»Er hat Mama gesagt. Ich glaube, es gefällt ihm hier.«

Drei Studentenjobber warfen mich diagonal in ein umfunktioniertes Kleinbecken vom Schwimmunterricht, an dessen anderem Ende ein einzelner Delfin schwamm, der immer wieder seinen Kopf gegen die Kante rammte.

Unfähig, mich in meiner Schwimmapparatur zu bewegen, trieben mich die Wellen, die seine intensiver werdenden Stöße erzeugten, langsam zu ihm hin.

»Hi«, sagte ich. Was sagt man denn bitte auch in so einer Situation?

Er bemerkte mich, sagte ebenfalls »Hi« und begann, zu weinen.

Wem der Text jetzt nicht mehr gefällt, weil er der Meinung ist, dass Delfine nicht sprechen oder weinen können: ERKLÄRT MIR, WARUM ES IN *PLANET DER AFFEN* PFERDE GAB! Okay, okay. Ich habe einen Slamtext geschrieben, in dem ein Delfin sprechen kann. Ihr habt für dieses Buch bezahlt. Habt versucht, euch in diesen sehr seltsamen Text einzufinden. Ihr seid sauer, das versteh ich. Aber im 2001 Remake von *Planet der Affen* wird von vornherein drastisch klargestellt, dass der Planet unbewohnt ist und alle Lebensformen, Menschen wie Affen, vom Bord der Raumstation stammen. Menschen und Affen, Tim Burton. KEINE PFERDE! Und dennoch reiten die Affen allesamt auf einer Vielzahl stattlicher schwarzer Pferde. Reinrassige Rappen, wenn man so will. Okay, es sind besondere Affen. Das ist die Prämisse des Films. Meinetwegen sind sie in der Lage, auf Pferden zu reiten. WENN ES DENN EINEN GRUND DAFÜR GÄBE, DASS VERFICKTE PFERDE DA SIND!

»Was ist los?«, frage ich den Delfin.

»Sie sagten, ich hätte Talent und würde mit ein paar Schauspielstunden der neue Flipper! Jetzt muss ich mich jeden Tag von behinderten Kindern beschmusen lassen. Weißt du, wie oft behinderte Kinder ihre Hände waschen? Zu selten.«

Er erzählte mir von seiner Familie. Seine Mutter, die sich irgendwann entschieden hatte, als Walross zu leben. Sein Vater, der nach dem Golfkrieg einfach nicht mehr derselbe war. Die anderen aus seiner Schule, die ihn missverstanden und wegen seines Blasloch-Piercings ärgerten.

Wir trafen uns fortan jede Woche und ich merkte, wie er in unseren Sitzungen aufblühte. Er erzählte mir von seiner Emo-Phase, zeigte mir seine Lieblingssongs von Panic! at the Blowhole und My Chemical Dolphins sowie seine selbstgeschriebenen Gedichte über Tintenfische. Ich merkte, wie sich seine Soziophobie und Antriebslosigkeit nach und nach besserten. Delfine haben keine magischen Fähigkeiten, mit denen sie Autisten heilen können – die Delfintherapien sind dafür gedacht, um die Delfine zu therapieren. Vielleicht sollten wir uns öfter fragen, wer wann wirklich der Behandelnde und wer der Patient ist …

Und deswegen, euer Ehren, möchte ich ausdrücklicher betonen, dass besagter »Messerangriff« auf meinen Chirurgen ein aus meiner Sicht notwendiger medizinischer Eingriff gewesen ist. Eine bewusste Körperverletzung, wie sie der Kläger so skurril skizziert, fand nicht statt. Als würde ich jemanden angreifen, nur weil sein Lieblingsfilm *Planet der Affen* ist!

Ein Stückchen Hölle 1:
Schützenfest Esens

Esens. Filetstück Ostfrieslands, gentrifiziertes Urlaubsdomizil des kleinen Mannes, Kunstmüllhalde des welt- und
gesäßoffenen Harlingerlandes. Ruhig und idyllisch, ignoriert man die umliegenden Windparks und Derbys des
Turn- und Sportvereins Esens gegen den SV Wittmund
(den Namen der verbotenen Stadt musste ein Lektora-
Verlags-Praktikant hier ausschreiben – gottlose Lungen-
fresser!). Jedenfalls hat jene Idylle nicht etwa die Funk-
tion, über politische Ungereimtheiten wie Umgehungs-
straßen oder leerstehende Altwahrzeichen hinwegzutäu-
schen. Viel mehr wohnt ihr eine respektvolle Vorfreude
auf die sogenannte fünfte Jahreszeit inne (chronologisch
erst die vierte, aber Fakten sind natürlicher Feind der ostfriesischen Mentalität).

Denn das Aushängeschild dieser Stadt ist nicht etwa der
TuS oder der Tanzbär, der diese Stadt gründete, vor Bela-
gerung rettete und dann nach dem Vorbild einer kleinen
Millionenstadt im Osten eigenkreativ wieder als Wahrzei-

chen etabliert wurde. Wer hier wirklich etwas auf sich und diese angesagte Kleinstadt hält, sollte seit sechs Generationen dem Schützenverein angehören und in zugehöriger Uniform leben, kopulieren, heiraten, sterben und in die Nordsee geworfen werden – Seebestattungen sind unromantischer, als sie scheinen. Ebenjene Schützenkompanie versammelt jeden Juli die Crème de la Crème der Festzelte, Epilepsieschaukeln, Dosenwurf-, Spritzgebäck- und Matjesbrötchenbuden auf einem alten Junkiefriedhof, um abertausende Ansässige sowie prollige Urlaubswestfalen für ihre antike Tradition zu begeistern: das Saufen. Ach so, nein, das Schießen natürlich! Alkoholkonsum spielt nur eine ausdrückliche Nebenrolle an diesen Festtagen der Gemeinschaft, bei denen sogar, anders als im Westen der Republik, extra nur auf Scheiben und nicht auf echte Vögel (!) geschossen wird.

Anstoß – sofern man seine Blagen nicht mit Freifahrten oder Modesüßigkeiten der 80er beunlustigen muss – bietet der traditionell unbeliebte Fackelumzug, beginnend vor der maroden Rathausruine. Dieser ist als politisches Statement zu verstehen, denn die Samtgemeinde Esens pocht seit einigen Jahrhunderten auf die Relegalisierung der Hexenverbrennungen, welche heutzutage leider unter Ausschluss der Öffentlichkeit stattfinden müssen. Dass sämtliche Schützen und Familienväter schon während dieser einleitenden Zeremonie bis auf das Äußerste alkoholisiert seien und die Stadtprominenz währenddessen zum lebensgefährdenden »Vorglühen« in der Provinz weile, ist nichts weiter als mieses Klischee!

Mit dem Sonnabend zeigt sich das Schützenfest dann zumeist von seiner repräsentativsten Seite: Der Großteil ist in der Erstnacht noch nicht inhaftiert, ausgepumpt oder mit Platzverbot belegt worden und auch die Arbeitsbevölkerung kann sich nun am exzessiven Zu-Tode-Trinken-begegnenden-Miteinander erfreuen. Es wird geprügelt, belästigt und sich auf Theken entleert, was das Zeug hält, begleitet von den größten Hits der 1880er. Gut, hier mag der eine oder andere auch mal zum Alster greifen, läuft dafür aber wenigstens auch Gefahr, seinem Chef oder minderjährigen Kind (bei vermutlich ähnlicher Tätigkeit) über den Weg zu laufen.

Rechnerisch folgt Schützenfestsonntag. Gut, dass es ihn gibt! Denn so viel Tradition und Gemeinschaft macht der Körper ohne einen Tag Pause nun einmal im realitätsmündigen Alter nicht mehr mit. Die Legende besagt, das Schützenfestgelände sei an diesem Tag trotzdem zugänglich, gesichert bestätigen können wird man das wohl nie.

Ausschlafen ist dennoch keine Option, denn die Bärenstädter werden am Montag traditionell um 5:30 mit der Erschießung des letztjährigen Schützenkönigs geweckt. Bis der nächste in einer komplexen Zeremonie ausgewürfelt werden kann, müssen sämtliche über Billigstoffbedruck-Websites uniformierten Vereinigungen und täuschend echt untergetauchte Intellektuelle weite Umwege in Sichtungsweite der örtlichen Seniorenheime zurücklegen. Leider geht in Folge dessen zumeist die mühsam vernuschelte Proklamation im Apfelsaftkonsum der Massen und Klingeltonvergleich der Jugendlichen am Autoscooter unter. Das hindert die Schützen allerdings trotzdem nicht daran, sich vorbildlich und bodenständig innerhalb des einfachen Fußvolkes zu benehmen.

Für die wenigen, die dieses Morgens-bis-morgens-Happening nicht dahingerafft hat, hat auch der Dienstag noch einiges zu bieten. Wer sich den Weg durch Hamburger-reste und Securityurin bahnt, kann beobachten, wie mit einem phänomenalen Feuerwerk freudig tausend Jahre Ozonschicht gefeiert werden. Ein cleveres Ablenkungsma-növer, um nebenbei sämtliche Buden, Karussells und Zelte einzureißen. Die müssen schließlich schon Freitag wieder auf dem wesentlich lukrativeren Bürgermarkt in Wittmund stehen. Wer Glück hat, wird eventuell noch von einem Ra-ketenrest oder der Faust eines minderjährigen Dunumers getroffen und kann das gebotene Panorama der sich tren-nenden Paare oder sich findender Hooligans ignorieren. Da sag noch einer, man bräuchte Alkohol, um dieses Event zu ertragen: närrisches Vorurteil! Vor allem seine Künst-ler schätzt dieses Dorf mit Stadtrechten glücklicherweise. Völlig egal, wie sehr man sich über sie lustig macht, kein Esenser käme in seinem hochfunktionalen, NÜCHTERNEN Kopf auf die Idee, vermeintlicher Ortsprominenz stunden-lang zu erzählen, wie unbegründet großartig oder unent-wegt scheiße man sie findet.

Danke dafür, Schützenfest Esens. Danke.

Es ist ausdrücklich nicht richtig, dass ich meine Heimatstadt hasse. Man könnte es eher als Hassliebe – oder eigentlich treffender Lie-beshass – bezeichnen. Menschen, die sich niemals kritisch mit ihrer Heimat auseinandersetzen, halte ich für mindestens genauso gefähr-lich wie jene, die meinen, irgendetwas erreicht zu haben, weil sie an einem bestimmten Ort untergekommen sind. Jeder Mensch kann überall auf der Welt unglücklich oder eben auch glücklich sein. Außer in Nordkorea vielleicht. Und Wittmund.

Vom *Calippo* verweht

Es war ein heißer Tag. Und was machen Jungs an heißen Tagen? Keine Ahnung. Mein bester Freund ... ähm. Natürlich weiß ich noch, wie er hieß, war ja mein bester Freund. Mein bester Freund Marcus ... Porcius ... Nachname? Marcus Porcius Nachname und ich taten, was wir auch im Winter getan hätten: *Game Boy* spielen und *Powerade* trinken. Denn *Powerade* war seinerzeit das dicke Kinder Getränk Nummer 1. Und das waren wir. Zwei krankhaft fettleibige Dudes in der Vorhölle zur Pubertät. Unser Leben sollte sich schon bald um etwas viel Essentielleres drehen als Spielekonsolen oder *Powerade*: Speiseeis.

Unter Marcus Porcius Nachname bildete sich schon eine kleine Schweißfütze, immer wieder schmierte er sich seine (früher mal) weißen Schweißbänder durch das nesselnde Rot seines Gesichts. Die anderen aus unserer Klasse triezten ihn immer damit, dass sich unter seinen Jungsbrüsten schon Käse anreichern würde. Der entstandene Geruch sprach dafür.

»Wollen wir nicht mal«, er machte eine 15-minütige Keuch- und Auswringpause.

»Wollen wir nicht mal«, er würde es auch dieses Mal nicht zum Satzende schaffen, denn aus seinem hochgegelten Pony schwappte nun eine aufgestaute Schweißlache hinunter in seinen Mund.

»Ein Eis essen?«

Wir beide wussten, dass er dieses Szenario ohne Frischluft und besagtes Eis noch maximal eine halbe Stunde überleben würde. Aber er musste fragen, denn er war der Uncoolere von uns beiden. Ich hatte nämlich zwei eigene Spielekonsolen, Flammen auf mein Schutzblech gemalt und durfte manchmal an Wochenenden bis 22 Uhr fernsehen.

Aber mir war nicht nach Eis essen. Marcus Porcius Nachnames Eltern waren in einer dieser Freikirchen, die einem verboten, im Sitzen zu scheißen, und nur adelige Eissorten erlaubten – wie *Ed von Schleck* oder *Fürst Pückler*. Und das Einzige, was in der *Langnese*-Eistruhe des örtlichen Kiosks dem dreisortigen Reinheitsgebot von *Fürst Pückler* entsprach, war *Mini Milk*. *Mini Milk* war was für Muschis. Und wir waren jetzt keine Muschis mehr. Wir waren 12.

»Okay«, kam ich ihm wohlwollend entgegen, »aber ich bestimme das Eis.«

Tausend Gedanken schossen Marcus Porcius Nachname durch den Kopf. Wenn er ein *Solero* oder gar ein gottloses *Bum Bum* verzehrte, was würde seine Mutter dazu sagen? Oder Jesus?

Geschwächt von dem an ihm klebenden Polyester-Shirt und gefüllten Arterien, ergriff das Böse schließlich von ihm Besitz: »In Ordnung.«

Wir radelten unseren Weg vorbei an malerisch sonnengefluteten Baumärkten und Friedhöfen, bis wir ihn erreichten: Kiosk Krosownizky. Damals gab es noch keine Gefängnisse oder Psychiatrien, weshalb man die gesellschaftlich Verstoßenen in den Einzelhandel steckte. Die aus dem Einzelhandel Verstoßenen wiederum eröffneten dann ihre eigenen Kioske. Ernst Krosownizky hatte keine Zähne mehr, aß Tabak, wusch sich mit Wodka und las jeden Tag dieselbe Ausgabe des *Playboy* aus dem Oktober 1973.

»Na, habt ihr dem geilen Onkel wieder bisschen Taschengeld mitgebracht?«

Wir interagierten nie mit ihm. Sören aus der Parallelklasse soll diesen Fehler einst gemacht haben. Er wurde nie wieder gesehen. Man sagt, er hätte sich auf eine der Kirmes-Annoncen »Junger Mann zum Mitreisen gesucht« gemeldet. Wohin er wirklich floh, ist nicht klar. Nur wovor.

»Ihr müsst aufpassen mit der Eistruhe, da ist mir letztens 'ne Motte in Rekordgröße drin verreckt.«

Noch heute sind *Langnese*-Eistruhen für mich das Relikt einer besseren Zeit. Die Truhen selbst waren meine damalige Vorstellung eines perpetuum mobiles: gigantische Stromfresser gedeckt von dem Bedarf der Gesellschaft nach immer wieder neu verformtem Speiseeis an einem geschmacksverderbenden Holzstück. Hellbeleuchtete, knallbunte Eissorten für jeden Geschmack: die Klassiker *Cornetto* und *Magnum*. *Twister* und *Colori* für die komplett Geisteskranken, die nichts mehr zu verlieren hatten. *Domino* und *Dolomiti* für Bettnässer allen Alters. Der Diät-Eisgenuss für Depressive. Heute nicht mehr Googlebares wie *Flutschfinger*, *Banana Joe* oder *Nogger* – das durfte man damals noch sagen!

Die Schatztruhe kühlte meine aufgeregt wühlenden Arme, als es mir in die Finger fiel: *Calippo Shots*. Das beliebte *Calippo*, nicht zum Schieben, sondern in Kügelchen. Kleine erfrischende Erdbeer- und Zitronenkügelchen, die sich orgasmisch um Zunge, Gaumen, Speiseröhre und dann Magen schmiegten. Ich wollte es und es wollte mich. Ich stellte mir vor, wie ich mit dem *Calippo* tanzte, es liebkoste, ihm Liebesbriefe schrieb und es zum Eisessen einlud.

»Du, Jann, wir haben gar nicht genug Geld dabei«, entriss mich Marcus Porcius Nachname unsanft meiner Fantasie und mir dabei mein *Calippo*. Es stimmte. *Mini Milk* war auch das Günstigste, was die Eistruhe zu bieten hatte. Was der wahre Grund für dessen Präferenz gewesen sein könnte. Vielleicht glauben Freikirchler gar nicht wirklich an adlige Eissorten. Das hätte man schon mal recherchieren können für diesen Text ...

Wütend schlug ich Marcus Porcius Nachname das Calippo aus seinen Speckhänden. Es krachte zu Boden und seine kleinen schmackhaften Kügelchen verteilten sich in dem Schuhdreck des vergangen Jahrzehnts. Ernst Krosownizky war für genau diese Momente überhaupt am Leben: »Die werdet ihr schön alle einzeln wieder auflecken und mich filmen lassen!«

Wir mussten fliehen. Was sich als Herausforderung gestalten würde, denn Marcus Porcius Nachname hatte ja keine Beine mehr. Das habe ich zwar noch nicht erwähnt, aber hatte er nicht. Diabetes ist nun mal kein Zuckerschlecken.

»Lass mich zurück! Ohne mich kannst es vielleicht schaffen. Ich werde dich niemals vergessen, Jann Wattjes. Geh deinen Weg und werde mal ein mäßig erfolgreicher Poetry Slammer!«

»Okay«, sagte ich und huschte Ernst Krosownizky durch die Raucherbeine.

Ein Tag wie jeder andere in meinem Leben. Und doch wird er mir für immer im Gedächtnis bleiben, denn er hatte mich etwas über Freundschaft gelehrt: *Calippo* in Kügelchen ist eigentlich gar nicht so geil. Wenn man mich heute fragen würde und ich hätte genügend Bedenkzeit, würde ich mich in hundert Prozent der Fälle für das originale *Calippo* entscheiden.

Jugend

Es gibt auf dieser kalten Welt nichts Schlimmeres als Teenager. Und Teenager wissen das auch noch. Ich für meinen Teil kann gestehen, dass ich immer bewusst scheiße gewesen bin. Wieso sollte man sich sonst im Unterricht nur dann melden, wenn man seine Lehrer korrigieren kann? Und niemand findet wirklich, dass ihm schwarz gefärbte Haare stehen. Auch muss man noch lange nicht automatisch bisexueller, atheistischer Veganer sein, nur weil man gerade in die 9. Klasse gekommen ist.

Menschen, bei denen ich mir unsicher bin, ob ich sie okay oder furchtbar finde, stelle ich gerne die Frage, ob sie sich leiden könnten, wenn sie sich selbst jetzt als Teenager begegnen würden. Jeder, der das nicht deutlich verneinen kann, hat diesen Test nicht nur immens vergeigt, sondern ist auch der örtlichen Polizei meldepflichtig.

Mein Comingout

Ich wurde einfach anders erzogen. Belogen, dass es falsch ist; Sünde, was ich empfinde. Aber ich wurde Teil der Werte, die man mich lehrte. Denn es war verquer, pervers, gegen mein Naturell, dass mir so etwas Gottloses gefällt. Ich glaubte jedes Wort, wies die falschen Gedanken immer häufiger in die Schranken.

Das schlimmste Comingout ist das vor sich selbst. Plötzlich bist du der Fehler deiner Lebenswelt. Klar, meine Eltern sind offene Menschen. Aber angeblich braucht selbst Offenheit Grenzen. Was würden die Nachbarn sagen? Oder Oma? Bei uns im Dorf hat es sowas noch nie gegeben, wieso solltest du jetzt anders leben? Ich war auf alles gefasst – theoretisch.

Praktisch sitzt man mit seinen Eltern am Esstisch, weil man »mal reden« muss, und hinterfragt tränengeplagt diesen Entschluss. Der Blick wandert, man klammert sich in seinen Stuhl und sagt: »Mama, Papa, ich bin ... konservativ.«

Klar, Mama wusste es schon. Die ganzen Kerle, die bei mir ein und aus gingen – von der Jungen Union. Papa überforderte die Situation: »Ich habe keinen Sohn! Was erzähl' ich jetzt den anderen GrünInnen im Ortsverein? Lässt du deswegen immer das Gendern sein? Natürlich haben wir überlegt, was das sollte, als du in die Kirche eintreten wolltest. Die 6 in Soziologie und der Klausur über Evolutionstheorie. Andere schwule Jungs haben Poster von Katy Perry. Und keinen Sandwichtoaster von Helmut Kohl! Wer, der noch gesund ist und bei Trost, brennt dieses Gesicht jeden Morgen in seinen Toast?!

Wir waren vorbereitet auf Unsicherheiten wie ›Warum interessieren mich Schwänze?‹ und nicht ›Wann kommt endlich die Obergrenze?‹. Hoffentlich gar nicht, du Penner. Wieso die Faszination für alte, weiße, heterosexuelle Männer? Das sind Idioten. Was ist mit Frauenquoten? Waffenhandel? Klimawandel?! Solange du deine Lacoste-Hausschuhe unter meinen Tisch stellst, wirst du klimaneutral leben! Mein eigen Fleisch und Blut hat für ein Massenfleischverbot zu sein! Mein Sohn setzt sich gefälligst ein für einen fairen Mindestlohn! Ich bin doch nicht bescheuert: Mein Erbe wird versteuert!«

»Papa, es reicht! Für euch ist alles so leicht. Genau, lasst uns doch gleich die ganze vierte Legislatur unserer stolzen, schönen Gottkanzlerin darüber diskutieren, wie wir die Erbschaft regulieren, anstatt zugunsten eines stabilen Haushalts noch mehr Bereiche zu privatisieren. Und klar, Glaube ist total dämlich, die Menschen irren sich seit Jahrtausenden nämlich. Da haben Bewanderte etwas aufgeschrieben, was andere, ohne es prüfen zu können, auch noch glauben. Zum totlachen! Oh, warte, das ist genau dasselbe, was ›Wissenschaftler‹ machen. Oder kannst du mir die Evolutionstheorie belegen? Wann hast du das letzte Mal einen Affen gesehen, der zu einem Menschen geworden ist?! Mach dich nicht lächerlich mit sowas. Und ich bin nicht bloß Christ, ich bin Zeuge Seehofers. Der hat den Frauen doch extra die Herdprämie geschenkt. Damit nicht jede Praktikantin in Wahnvorstellungen wie Mutterschutz, Alimenten oder gleicher Bezahlung denkt! Wenn man Frauen so viele Führungspositionen zutraut, warum haben Frauen sich dann nicht einfach mal selbst ein großes Unternehmen aufgebaut? Hm, Sybille? Wäre das nicht mal was gewesen? Anstatt in Vorschulen ehrenamtlich aus selbstgedichteten Kindergeschichten vorzulesen? ›Fritzi, die kleine Antilope und die große Klimakatastrophe.‹ In jeder linksversifft-veganverschwulten Patchworkfamilie längst ein Klassiker.

Aber gut, hasst mich. Ja, ich bin nicht so geraten, wie man mich geplant hatte. Nein, ich stehe nicht Marihuana rauchend mit Punks und Positionen auf der Domplatte. Ich bin viel zu beschäftigt damit, zu bestaunen, wie heftig sauber die Brille von Peter Tauber ist, und heimlich Bibel TV zu schauen. Und irgendwann fängt man dann halt an, sein schräges Selbst zu leiden und zu experimentieren: mal vor einer unbefahrenen Ampel stehen zu bleiben oder in der Bibliothek ein zu liberales Buch zu zensieren.

Aber ihr wisst auch überhaupt nicht, was das mit mir macht. Wurdet ihr schon mal in der Schule ausgelacht? Durch die Aula gejagt, einfach nur weil ihr die schickeren Klamotten tragt? Nicht wie meine anderen Freunde sitzenzubleiben, weil wir uns für mich einen Nachhilfelehrer leisten? Alleine in der Kälte zu warten, weil die Securitys dir den Laufpass gaben und bei deinen arabisch aussehenden Freunden viel mehr zu suchen haben. Und dann auch noch finden: Butterflys und Gras. So machen Udo Jürgens Konzerte einfach keinen Spaß. Und dann die ganzen Christopher Street Days, auf denen einem die Schnute zugeklebt wird, nur weil man lieber die Konrad-Adenauer-Minute zelebriert. Eine verfickte Minute Konny Adenauer ist doch nichts gegen die Dauer eurer Hashtags, Mädchentage, Awareness-Monate! Warum gibt es Queer Slams und Gendertoiletten, aber keine unbunte Sause für den weißen Mann oder Firmenbetten, auf denen man in der Mittagspause seine Sekretärin vögeln kann?

Ich weiß einfach nicht, wo diese ganze Progressivität enden soll. Fühle mich nicht mal missverstanden, sondern einfach nicht gewollt.«

Liebe Leser, ich muss auch Ihnen etwas gestehen und befürchte, dieser Twist verletzt Sie tief: Dieser Text war fiktiv. Denn hätte Konservativsein jemals so eine Überwindung mit sich gebracht, wie sie es für all das ist, was nicht ins konservative Weltbild passt, dann wäre definitiv niemand konservativ.

Weil ich in der traditionell links orientierten Poetry-Slam-Szene als grantiger Konservativer verschrien bin, machen sich diverse Slammaster gerne einen Spaß daraus, mich zu ihren sogenannten Queer Slams einzuladen. Um zu solchen Anlässen trotzdem abzuräumen, entstand dieser stets unter Tränen performte Text.

Zyklon Brandy

Früher war alles besser. ALLES. Also alles, was es damals schon gab. War nicht viel. Aber das meiste davon war besser. Gut, jetzt nicht ganz früher, als einfach so Raubritter ins Dorf kommen und einen enteignen, vergewaltigen oder töten konnten. Und auch dann mit den Weltkriegen und den Kommunisten und so. Das war eher doof. Aber dazwischen, da war das, was es schon gab, besser. Braucht nicht immer nur Fortschritt hier, Technologie da. Nee. Da war man ja froh über ein Glas nicht ganz so verdrecktes Wasser und dass man immerhin eine Schwester hatte, um 15 Kinder zu zeugen, von denen mit ein bisschen Glück sogar das eine oder andere älter wurde als man selbst. Das war nicht so wie heute; versuch mal, deine eigene Schwester zu ghosten!

Die jungen Leute mit ihren Smartphones – die gucken ja gar nicht mehr hoch. Wenn der Nachbar mal zu spät seinen Müll an die Straße bringt, das kriegen die gar nicht mehr mit! Die gucken lieber halbminütige Videos, in denen sich Hunde in Geburtstagstorten setzen. Wir waren damals zufrieden, wenn wir nach der Maloche ins Kino konnten! Da konntest du dir deinen Film nicht aussuchen.

Lief ja nur einer, ein halbes Jahr lang! Und wenn der nix war, warst du eben deine zwei Mark los, keine 75 € für *Shrek 17* mit Popcorn, Nachos und *Coca Cola*.

Früher war alles so viel billiger. Billiger und doch besser. In manchen Läden hast du Geld dafür bekommen, dass du da eingekauft hast! Da durftest du dir auch morgens und abends noch die Zähne mit *Aronal* putzen. Und wer will denn bitte einen richtigen geilen, doppelten Bacon-Cheeseburger mit einem Berg überbackener Fritten, wenn er mit Mamas Zwergkaninchen-Gulasch groß geworden ist?! Früher hast du die Tiere, die du gegessen hast, noch beim Namen gekannt. Wer keine Schwester hatte, sogar umso näher.

Wir konnten auch alles besser. Heute kannst du dich ja schon gesegnet schätzen, wenn die Halbstarken dir einen Biertisch zusammenklappen können. Wir haben damals ganz Deutschland wieder aufgebaut. Hier, Paderborner Rathaus, hab' ich gefliest, soll mal einer widerlegen! Meinst du, das hätte mal einer fotografiert? GING JA NICHT!

Und saufen konnten wir. Kein Hugo, keine Schorle, keine Plörre. Brackwasser. Mit Ethanol. Zyklon Brandy hieß das. Frisch abgezapft und rein damit. Davon bist du noch vernünftig besoffen geworden; nix mit Tanzen bis Unsereins auf Arbeit muss. Zwei Kumpanen von mir sind direkt erblindet an dem Zeug. Meinst, der Zweite hätt' mal gesagt »Ach nee, der Fritz-Dieter ist ja jetzt erblindet von dem Zyklon Brandy, ich bleib lieber bei meinem Wodka«?

Nee. Rasieren konnten wir uns damals auch noch. Heutzutage sehen Männermünder aus wie Pferdevaginas, am besten noch in blond! Blonde Männer! Mit Bart! Damit du die in ihren viel zu engen Hosen überhaupt von den Weibern unterscheiden kannst!

Früher, da wussten wir auch noch, wie man richtig Spaß hat. Da haben wir mit schweren Lederbällen oder Ziegelsteinen ans Garagentor gebolzt, uns verprügelt, bis wir geblutet haben, und auf die Gleise gestellt, bis kurz bevor der Zug kam! Meinst du, da hat mal einer gesagt »Ich würd jetzt lieber vorm Computer sitzen, inne ganz andere Welt abtauchen und spannende Abenteuer erleben«? Nee.

Und sterben konnten wir damals. Mein Gott, was sind wir gestorben. Wie die Fliegen. Gut, für die beiden Blinden war das Spiel mit dem Zug auch noch mal eine Nummer extremer, ne? Aber da hattest du mit Mitte 40 halt auch schon alles erlebt – war ja alles besser! Da biste auch noch vernünftig gestorben. Schuss durch die Schläfe, Arbeit am Dach, Schnupfen. Heute musste ja aufpassen, dass du nicht 100 wirst, weil sie dich mit 70 an einen Kasten anschließen, damit du vor einem anderen Kasten liegen kannst, in dem dann aber nicht die Erhardt-Brüder Heinz und Ludwig Klamauk machen, sondern der Silbereisen. Der sieht aus wie die Kreuzung des 90er Jahre Klischees einer Lesbierin und eines Zyklon-Brandy-abhängigen Erdmännchens.

Früher hätt es auch diesen Kleinkunst-Kappes gar nicht gegeben, nicht in meinem Rathaus! Und die Musik. Mein Gott, heute ist ja nur noch »duff duff duff«. Früher hatten wir immer schön »damm damm damm damm« und ab und an »damm di damm« dazwischen. Dieser neue Mist geht doch auf keine Kuhhaut! Wobei die ja nicht mal mehr wissen, wie eine schöne Kuhhäutung überhaupt abläuft. Wenn die ihr Vieh alle noch selber schächten müssten, wären die eh alle wieder Veganetarier. Wenn bei uns früher auf dem Hof einer kein Fleisch essen wollte, wurde der eben geschlachtet – ganz einfach.

Und früher, da hättest du noch wissbegierig zugehört, wenn der Opa was erzählt hat, und nicht die ganze Zeit in deinen scheiß Laptop getippt! Wenn das hier immer noch klimpert, wenn Musikantenstadl läuft, dann mix ich dir 'nen Zyklon Brandy!

Veganer wollen auch gemocht werden*

*theoretisch

Ich war schon Vegetarier, Frutarier, Pescetarier, Flexitarier, King-des-Monatstarier. So viel »-arier«, wie man überhaupt sein kann als Prosemit. Und das bin ich. Ich habe mir extra Jiddisch beigebracht. Was im Endeffekt wie Hochdeutsch ist, nur mit 50 Wörtern für Geld. Damit, so dachte ich, hätte ich sämtliche trendigen Ernährungsweisen neben dem Kannibalismus durch. Bis ich Veganer wurde.

Jetzt muss ich wie ein Sexualstraftäter jeden in der Nachbarschaft darüber benachrichtigen und Propaganda verbreiten wie »Ich war immer schon so blass« oder »Gebraten schmeckt Tofu ganz okay«.

Oma meint, ich solle doch lieber katholisch bleiben. Als ich »unbedingt schwul sein« wollte, hatte sie das schon 100 Rosenkränze und fünf Ablassbriefe gekostet. Das ist natürlich nicht witzig. Man kann sich seine Sexualität nicht selbst aussuchen. Das macht der sprechende Hut.

Doch mit all dem könnte ich leben, wäre Veganismus nicht auf demselben Aggressions-Level wie Flüchtlinge. Es gibt niemanden, der dazu keine Meinung hat. Und wenn doch, dann chillt er im Bernsteinzimmer mit der kleinen Madeleine und trinkt aus dem heiligen Gral Diät-Cola, die einen wirklich nicht dick macht.

Der übliche Anti-Veganer ist ein klein geratener Mann um die 30 mit zurückgegelten Haaren und dicklichem, ost-westfälischem Gesicht. Seine Synapsen sind sich nie begegnet und seine Superkraft ist Sich-daneben-Benehmen, weil er als Kind mal in einen ganzen Topf voller *Red Bull* gefallen ist. Seine Argumentationsstruktur spiegelt das: Er findet extrem lustig, dass veganer Fleischersatz immer die Form »richtiger« Lebensmittel hat. Zu Recht. Würste zum Beispiel bekommen ihre Form nicht etwa durch die Verarbeitung, sondern weil jedes Schwein aus genau 17 Würsten besteht, die ihm irgendwann auf natürliche Art und Weise ausfallen. Ich äße meine Tofu-Schnitzel auch lieber in Form der Umrisse Norwegens, kann mir aber vorstellen, dass das die Produktionskosten erhöht. Und wäre es tatsächlich so, dass ich seinem Essen das Essen wegäße, würden Anabolika und Tiermehl dafür sorgen, dass ich nicht mehr lange »immer und jedem« erzählen könnte, dass ich Veganer bin.

Das tue ich schließlich auch gar nicht. Gut außer jetzt natürlich. Oder immer, wenn ich unter Leute komme. Aber das vermeide ich. Denn es muss bloß jemand mit einem Döner an mir vorbeilaufen, damit ich anfange, zu weinen und »Amazing Grace« zu singen.

Wissen Sie, woraus Döner Kebap gemacht wird? Kalb. Das sind Kinderkühe. KINDERKÜHE! Kleine, süße Kühlein mit Propellermützen und Disney-Rucksäcken, die aus der Kuh-Vorschule gezerrt und lebendig über einen Kebapspieß gestülpt werden! Ich gebe zu, dass Dokumentationen über Veganismus manchmal ein wenig an Sachlichkeit verlieren. Wahrscheinlich ist Ronald McDonald auch nicht wirklich Hitlers irischer Bruder. Hitler war ja auch gar kein Ire und Ronald McDonald meines Wissens auch nicht.

Wissen Sie, woraus *Chicken McNuggets* gemacht werden? Keiner weiß, woraus *Chicken McNuggets* gemacht werden. Solange mir keiner erklären kann, woraus sie bestehen, kann ich sie auch weiterhin essen. Hühner sind für mich sowieso eher so Tiere zweiter Klasse. Die gucken immer so dämlich und wollen ständig nur über sich reden!

Deswegen esse ich auch gerne bei *Kentucky Fried Chicken*. Oder bei *Burger King*. Selbst die Beef Burger. Die sind ja schließlich aus erwachsenen Kühen und nicht aus kleinen, süßen Kinderkühen, die mit Malkreide ihre Träume auf den Asphalt kritzeln! Auch Wild esse ich nur in der Saison – wann auch immer die ist. Meeresfrüchte fallen weg, weil ich ganz bestimmt keine Tiere esse, die schon lebendig total scheiße aussehen. Fisch ist mir eh zu gesund. Außer Fischstäbchen. Aber die sind auch eher so wie Vorderschinken, da ist das Tier-Chemie-Verhältnis einfach unklar. Schweinefleisch muss ich im Übrigen essen, weil die Leute auf dem Dorf sonst denken, ich sei Salafist.

Der eine oder andere mag jetzt vielleicht klugscheißen, dass es nicht sonderlich vegan sei, wenn drei von drei Mahlzeiten Fleisch sind. Aber im Veganismus rechnet man nun mal in Vegetarier-Punkten. Wer zu viele Vegetarier-Punkte für Vegetarismus hat, ist Veganer. Und weil Fleisch essen Vegetarier-Punkte kostet, hole ich mir welche zurück, indem ich viele Milch- und Ei-Produkte zu mir nehme – das machen Vegetarier nämlich.

Und Leute sagen immer, sie könnten sich nicht vorstellen, vegan zu leben. Ich finde, das ist ein Opfer, das jeder von uns bringen kann. Jedes gerettete Kuhkind, das noch Fahrrad fahren und Schuhe zubinden lernen darf, ist es wert, niemals Döner zu essen. Außer natürlich wenn ich betrunken bin, aber das ist man an der Uni nicht oft. Oder halt jeden Donnerstag, da kostet die Dönertasche bei *Adana Kebap* nämlich nur sensationelle 2,50 €. Und statt eines Döners, der nur 2,50 € kostet, monatlich 5 € an ein SOS Kuhkinderdorf zu überweisen, wovon man dann noch nicht mal was zu essen hat, hat nichts mehr mit Veganismus zu tun. Sondern das ist halt einfach blöd.

Meine volle Überzeugung, dass systematische Versklavung, Züchtung zur Schlachtung und Misshandlung des Tieres mit dem Ziel billiger Nahrungsmittel grundsätzlich falsch und widerlich ist, verschwand irgendwann wie alle meine Ideale an dem Tresen der *Burger-King*-Filiale an der Detmolder Straße. Dieser Umstand könnte einen jetzt durchaus deprimieren, aber um sich von Derartigem abzulenken, gibt es ja glücklicherweise den *Crispy Chicken*.

Liebe wär' doch mal ein innovatives Thema für ein Gedicht!

Ich bin Durchschnitt.
Wie eine einmal wahrgenommene Mitgliedschaft bei *McFit*
Als Hauptgericht mittelgroße Pizza Margarita
Mittlere Mittelschicht
Zu faul zum Wechsel zum günstigeren Telefonanbieter
Ich bin Nudeln mit Pesto
Das weg muss, weil es zu lange offen im Kühlschrank stand
Bin zwei fehlende Kleinstteile bei einer *Ikea*-Schrankwand
Ich bin zweite Klasse in der Regionalbahn
– zu spät für Frühbucherrabatt
Bin, was dein entfremdeter Stiefvater
Sich als Weihnachtsgeschenk überlegt hat:
Socken und ein Büchergutschein
Ersteres hässlich, Letzteres löst du sowieso nicht ein
Ich bin ein *Android*-Handy
Dessen Speicher schon voll und dessen Kopfhörer
Schon irgendwo verlorengegangen sind

Bin ein sich hassendes Pärchen Anfang 30 mit 'ner
Doppelhaushälfte und vielleicht bald 'nem Kind
Ich bin Frankfurt – an der Oder, nicht das Gute
Bin der 1:1-Endtand in der 12. Spielminute

Und das war immer okay so
Nie ganz unten, nie ganz oben
Aber dann hast du den Durchschnitt angehoben
Denn du bist perfekt
Bist jemand, der zufällig beim Unterzeichnen des
Weltfriedens noch das Heilmittel gegen Krebs entdeckt
Du bist sechs Richtige plus Superzahl
Bist 100 % bei der Bundestagswahl
Du bist Semestergebühren überweisen vor Ende der Frist
Bist wie ein ganzes Jahr
In dem der *Crispy Chicken* King des Monats ist
Und dagegen bin ich
Zum Mittag ein Cheeseburger
Der schon seit gestern in der Auslage lag
Wo der ohnehin schon pappige Käse
Komplett am Papier klebt
Und die Gurke fehlt
Bin darauffolgendes Magen-Darm
Und der Euro, den man zu wenig als Rückgeld bekam
Du bist alle Hauptrollen
In einem Film, der alle Oscars gewann
Ich bin Statist
In der einen Szene, die nicht durch den Schnitt kam
Du bist ein Konzern, der 'ne Schokoladenpizza rausbringt
Und sich auch noch leisten kann, dass sie floppt
Ich bin ein bulgarischer Autohersteller

Der total dubios die Abgaswerte von VW toppt
Du hast tiefgrüne Augen, Modelgröße
Bist aber fürs Modeln viel zu schlau
Ich muss mich zu 1,80 aufrunden
Augenfarbe straßenköterblau
Du bist wie nächtelang durchfeiern
Und den Kater morgens mit Champagner kontern
Ich bin wie Gedichte vortragen
Damit Veranstalter mir Freibier sponsern
Du bist die erste Person, die mit Literatur, Musik
Stand-up und Zaubershow um die Welt tourt
Ich bin 2 Punkte bei 'nem Poetry Slam
Für einen Text über Joghurt
Du kannst einfach »Ich liebe dich« sagen
Ohne ein dummes Gedicht voranzustellen
Ich bin jemand, der sein Herz verschenkt
– beim Schrottwichteln
Du bist in einem die Reinkarnation
Von Kurt Cobain und Tupac Shakur
Ich bin Money Boy mit Jürgen-Drews-Frisur
Du bist die alten Radiohead-Alben
Alle B-Sides, alle Geheimtipps
Ich bin die neuen Alben als Robin-Schulz-Remix
Du bist 'ne 1+ mit Sternchen und Grußwort
Ich bin 'ne 3- in Sport
Du bist eine Alternativ-Version von Lionel Messi
Die auch mit ihrer Nationalmannschaft was reißen kann
Im Zweikampf gegen mich: Heiko Westermann
Du schreibst die Gags von Böhmermann
Bist der Grund, dass Mario Barths Publikum schwindet
Ich bin die letzte Person

Die noch »I bims«-Sprüche lustig findet
Du bist drei Drittel der Trinität, bist alle Religionen
Reduziert auf das daran Schöne
Ich bin der Schutzpatron der Hurensöhne
Du bist 'ne Mischung aus New York und Paris
– ich aus Unna und Uelzen
Du beherrschst alle Instrumente einer Big Band
– ich war mal Bassist bei den Killerpilzen
(Bitte nicht googlen)
Du bist wie vom perfekten Kaffee
Noch 20 Pakete im Schrank da
Ich eine Vitamintablette
Aufgelöst in 'ner Flasche *Fernet Branca*
Du bist wie Obdachlosen so viel Geld geben
Dass sie es nicht annehmen können
Ich bin wie Flaschensammlern nicht mal
Den Dosenfand gönnen
Du bist Trends setzen mit Sachen vom Flohmarkt
Für die sich die Hipster dann nächstes Jahr
Dumm und dämlich zahlen
Ich bin gelb angelaufene Socken
In zu kleinen Birkenstock-Sandalen
Du bist wie das Internet wäre
Wenn man Social Media abzieht
Ich bin ein menschgewordener Donald-Trump-Tweet
Du bist, wie betrunken Fastfood essen
Niemals jemandes Geburtstag vergessen
Wie hitzefrei, obwohl es nicht zu heiß
Sondern einfach gutes Wetter ist
Stehst im Duden als Gegenteil von »Faschist«

Bist wie zum ersten Mal Lieblingslieder hören
Dem Rauchen abschwören
Du bist 'ne Prüfung
Die du ohne teilzunehmen bestanden hast
Der letzte Zug nach Hause
Obwohl man dachte, man hätte ihn verpasst
Und dann ist dir nicht mal wichtig
Dass der Text hier für dich ist
Weil du 'ne Katze bist.

Gibt es irgendwas Nervigeres als diese unglücklich verliebten Jammerlappen, die sich die Haare schwärzen und ihr Leben lang frustriert »Zaubertränke« unterrichten? Legt euch doch einfach eine Katze zu. Katzen haben ihr eigenes Musical bekommen, »Teenage Dirtbag« ist der beschissenste Song aller Zeiten. Und um bei Severus Snape zu bleiben: Der ist in sieben Büchern und acht Filmen nicht einmal glücklich, ist zu der einen lebenden Person, die ihm wichtig ist, ein riesiges Arschloch und wenn man genau darüber nachdenkt, trägt er trotz Informantenrolle verdammt wenig zum Happy End bei. *Batman Returns*, *Frühstück bei Tiffany*, *Bob der Streuner*, *Alice im Wunderland*, *Sleepwalkers* und *Men in Black* verdanken ihr Happy End dagegen allesamt Katzen!

Ich will nirgendwo reinreden, wenn es euch glücklich macht, darüber, dass ihr alleine seid, unglücklich zu sein, dann tut das bitte. Aber aufrichtige Zuneigung kostet nur drei Packungen *Whiskas* am Tag.

Wer es nötig hat, sich als Katzenhasser zu positionieren, weil er es in seinem erbärmlichen Dasein nie über die bedeutungslose Zuneigung eines Hundes hinausgeschafft hat, kann seinem schlichten Gemüt ja die »Kunst« von Martin Rütter zuführen. Katzen sind objektiv besser als Hunde und – um die Aussage dieses Gedichtes gar nicht erst jemandes Interpretation auszusetzen – auch besser als Menschen.

Es ist ja nur der HSV

»Wenn der Lütte da jetzt vom Dach springt, kann datt schon geschäftsschädigend sein«, höre ich von unten, während ich die zweite Etage der Edelkneipe *Supp di nich dood* erklimme. Ja, Kneipen heißen bei uns so. Was erwartet ihr auf einer zivilisationsfernen Halbinsel, auf der man seinen Müll noch im Garten verbrennt und bei den Bundesjugendspielen rituell die Erstgeborenen in die Nordsee wirft?

Aber ich werde mich nicht wie übersetzt »tot saufen«, ich werde mich in den Tod stürzen. Nicht aus Depression. Nicht aus unerwiderter Liebe. Nicht aus Angst, dass jemand auf meinem Rechner massenweise Kinderpornographie entdecken könnte – ich habe ein sehr gutes Passwort. Sondern wegen Michael Gravgaard. Klingt wie ein existentialistischer Philosoph, ist aber ein bestenfalls mittelmäßiger Innenverteidiger, den man für eine Leihgebühr von 300.000 € aus Nantes holen musste, weil ein gewisser Herr Jérôme Boateng damals noch eher so nebenbei Fußball betrieben hat. Ich steige hinaus auf den Fenstersims. Der Regen, denn hier regnet es tatsächlich immer, klatscht mir kalt in die Augen. Zu spät. Die Szene hat sich für immer in meine Netzhaut gebrannt: Michael Gravgaard stolpert über eine Papierkugel, die von einer so dermaßen großen Fan-Choreographie auf dem Rasen übriggeblieben ist, wie sie sonst allerhöchstens noch alle versammelten BVB-Fans des Landes hinbekämen. Ihm verspringt der Ball, es gibt Ecke. Frank Baumann – ein Gesicht wie ein Sparkassen-Azubi, eine Ballbehandlung wie ein Contergan-Opfer, ein Torabschluss wie Gerd Müller ... heute – erzielt das 3:1. Für Werder Bremen, das fußballerische Äquivalent zu Donald Trump; der Bauchspeicheldrüsenkrebs der Bundesliga, nur dass die Pharmakonzerne wirklich noch kein Mittel dagegen gefunden haben; das Gegenteil von Alessio. Wir stehen nach 26 Jahren – und damit das erste Mal in meinem Leben, ja, ich sehe älter aus, danke – wieder im Halbfinale eines Europapokals. Und scheitern an einer Papierkugel. »Wer frei ist von Abstiegsangst, der werfe die erste Papierkugel«, steht noch heute über der Kathedrale auf dem HSV-Friedhof. Dort werde ich auch bald ruhen.

Denn ich werde springen. Wenn ich jetzt wieder reingehe, lachen die sich drinnen doch tot, die ganzen alten Männer mit ihren Kapitänsmützen und Friesennerzen. Manche Klischees sind halt einfach wahr, mir hat auch noch nie ein Schwabe Geld geschenkt und westfälisches Publikum ist ... äh super, fantastisch! Ich würde den morgigen Tag sowieso nicht überleben, wenn in der Schule all die Grün-Weißen noch umherjubeln, dass ihre Gurkentruppe nicht wegen Leistung, sondern einer Papierkugel ein Fußballspiel gewonnen hat und das Ding wahrscheinlich noch in ihr gänsehauterregend unkreativ benanntes »Wuseum« stellen.

Meine innere Stimme, sie gehört aus irgendeinem Grund Uwe Seeler, gibt mir Recht: »Nu spring aber auch, Kerl.«

Meine Füße lösen sich von der Fensterbank, das immer noch aufgestaute Adrenalin macht daraus einen persönlichen Weitsprungrekord. Mein ganzes Leben rauscht an mir vorbei: Mein erstes Mal ... im Stadion. Mein erstes Mal im Stadion, das wir nicht 3:0 gegen den VfL Bochum verloren haben. Scheiß der Hund auf Theofanis Gekas! Mein erster Derbysieg. Der Sieg in München. Das 7:0 gegen Karlsruhe. Mein erster Kuss ... dessentwegen ich das Fallrückziehertor von Mladen Petric verpasst hab. Meine erste Gewalttat gegen eine Frau. Betonung auf erste. »Ich bin arbeitslos und schlage meine Frau, bin Fan vom HSV«, habe ich persönlich als Hymne der Nordtribüne etabliert. Es war ein schönes Leben. Gut, die großen Titel blieben aus, aber Fußballfan sein, bedeutet ja eben nicht Erfolgsfan zu sein. Viele holen ja nicht mal den UI-Cup oder Ligapokal.

Wieder ein junger Mensch dahingerafft vom Fußball. Warum um alles in der Welt sollte man diesen Primatensport also trotzdem lieben? Werder Bremen verlor später das Finale gegen Shakhtar Donezk.

Und hätten Sie gewusst, dass der menschliche Körper Stürze aus dem ersten Stock locker überlebt? Ich bin sogar auf den Füßen gelandet. Der Hamburger SV entwickelte sich im Nachgang des Spiels zum beliebtesten Verein Deutschlands. Also in Hamburg. Je nachdem, welcher Stadtteil.

Wenn also auch ihr in eurem Leben mehr Grenzerfahrungen braucht, ein Faible für betrunkene Männer habt und eure Väter nicht immer nur anschweigen wollt: Dann prostituiert euch doch einfach. Oder aber ihr macht es wie viereinhalb Millionen zufriedene Kunden von *Sky*, für das ich wirklich nur werktags arbeite, und werdet Fußballfans.

Es gibt viele Mythen und Unwahrheiten, die sich um mich ranken. Alter, Sexualität, Herkunft, Ernährungsweise, ob ich wirklich Depressionen oder Asperger habe, das Mastermind hinter dem Erdogan-Gedicht war, Cro oder Banksy bin. Nur aus einem Umstand, interessanterweise der am meisten schockierende, machte ich nie einen Hehl: Ich bin HSV-Fan. Und wie. Gewinnt der HSV, bin ich die ganze Woche nervenzerrend gut drauf – verliert er, kann man die Woche als solche komplett vergessen. Das beantwortet dann wohl auch die Frage nach den Depressionen.

Psychedelic Thrashly Blackened Melodic Progressive Heavy Death Funeral Doomcore

Metaler stinken
Weil sie im selben pisswarmen *Wicküler* baden
Das sie trinken
Metaler kommentieren jetzt wütend
Sie tränken eigentlich nur *Faxe* fünf Komma null
Metaler sind ALLE heimlich schwul:
Tragen Einhornkostüme, Röcke und die Haare lang
Sind aber immerhin so links, dass ihnen das egal sein kann
Ausnahme: Rechtsrock, aber das als Metal zu bezeichnen
Ist wie Lars Ulrich und Joey Jordison vergleichen
Metaler unterliegen Zwängen
Wie Wildpinkeln und Headbangen
Abgenutzte Jeanskutten tragen
Mit Emblemen von Bands, die sie noch nie gehört haben
Metaler flechten Schuppen oder sich Zöpfe
Von HipHop platzen ihre Köpfe

Der Metaler ist laut
Und deshalb oft taub
Der Metaler ist die einzige Gattung Mensch
Die auf Mittelalterfeste geht
Weil er aufgrund besagter Taubheit
»Metal, Alter. Beste« versteht
Und natürlich wegen Met
Und weil ihr auch einfach wie
Pestbefallene Vasallen in Strumpfhosen ausseht
Aber, aber, das kann man so pauschal nicht sagen
Von Metal gibt's doch so viele verschiedene Arten:
Heavy, Progressive, Gothic, Power, Death, Doom, Funeral
Doom, Deathcore, Anarchist, Viking, Psychedelic, Black,
Thrash, Black Thrash, Melodic Death, Blackened Melodic
Death, Blackened Melodic Thrash und, nicht zu vergessen,
Psychedelic Thrashly Blackened Melodic Progressive Hea-
vy Death Funeral Doom... core
Nur Nu-Metal kommt euch natürlich nicht ins Ohr
Das ist nicht der richtige Stoff
Für »ripping someone's head off«
Denn Metaler singen nicht, Metaler grunzen
Metaler *nicht-übertragbare-Grunzgeräusche*
Sie tragen lange Bärte, auch die Frauen
Sind die einzigen Menschen, die *My Little Pony* schauen
Metaler essen Christenbabys oder ab und zu Döner
Methler ist ein Stadtteil von Kamen – kein schöner
Metaler finden das System und die Gesellschaft
Spießig und krank
Arbeiten aber selbst bei 'ner Versicherung oder Bank
Verstecken Tattoos von Dämonen, die Jungfrauen schänden
Unter frisch gebügelten Karohemden

Oder tragen in Farben
Die Geburtsdaten ihrer Kinder auf den Armen
Melden sich am Telefon nicht mit Death Growl
Sondern ihrem Doppelnamen
Müssen ihre Pommesgabeln lösen
Zum Händeschütteln irgendwelcher Geschäftsgrößen
Nichts mit Wall of Death oder Doppelkorn-Großeinkauf
Auf dem Wacken treten jetzt Heino und Poetry Slammer auf
Slipknot sind jetzt emo
Alle anderen schreiben längst Balladen
Was der Mann in Kutte da im Schrebergarten hört
Ist »Sound of Silence« von Disturbed
Von wegen »Breaking the Law«,
»Mouth for War«
»Seek and Destroy«
»Paranoid«
»Toxicity«, »Raining Blood«
Oder »Defective God«
Weil jede noch so enge Subkultur ein Ablaufdatum hat
Oder glaubt hier irgendjemand, dass Punk noch lebt?
Das sind heute die Bahnhofspenner
Denen ihr euer Wechselgeld nicht gebt
Da ist Bausparmetal die klar bessere Wahl
Gegenüber Steuererklärungen
Sind Anarchie und Atheismus halt egal
Man kann nicht ewig vor dem Autoradio davonlaufen
Dosenbier aus Hörnern saufen
Denn man muss Miete zahlen, einkaufen
Sehen, dass im Alter was übrigbleibt
Was nicht gelingt
Weil man »Penis« auf seine Chucks schreibt

Oder das Rammstein Mosh Pit antreibt
Und egal, wie oft man schief »Master of Puppets« mitsingt
Jede Lebenseinstellung ist phasenbedingt.
Was soll's:
Trag den Festivalsonnenbrand
Das Wacken-2004-Armband
Mit Stolz
Unterschreib für deine Kleinen jeden Elternzettel
Mit »Death to all but Metal«
Aber jede Subkultur, jedes Lebensgefühl, jede Philosophie
Wird irgendwann zu Nostalgie.

Als Vorprogramm für ein Konzert entstanden, zu dem ich dann gar nicht konnte, ist dieser Text bis heute unperformt. Vermutlich weil die Zielgruppe sehr spezifisch ist. Vermutlich auch weil er selbst diese Zielgruppe nur beleidigt und ihr dann zu pathetisch wird.

Meine Begeisterung für Metal bestand immer darin, die Begeisterung meiner Freunde dafür nicht nachvollziehen zu können. Als jemand, der schon so vielen Subkulturen entwachsen ist (Nerds, Emos, Hipster etc.), stoßen Metaler einem mit einer gewaltigen Vehemenz der Unvergänglichkeit dieser Musik- und Gesinnungsrichtung entgegen. Aber heute sind diese Menschen eben noch in etwa so Metal wie ein Poetry-Slam-Text über Metal in einem Buch, das »Lauchentscheidungen« heißt.

Weltenboss Mama

Es ist der klassische Samstagabend. Gerhard Delling referiert in der Sportschau statistisch und emotional untermalt darüber, wie scheiße der HSV ist. Meine Familie ist derweil andächtig vertieft in einen Berg Brathähnchen. Dass ich ihre »Kochkunst« kaum anrühre, entgeht meiner Mutter nicht. Es handelt sich nicht um eine Protestaktion, weil ich Veganer bin. Dieses Fass mache ich ganz bestimmt nicht noch mal auf. Auch dass meine *World-of-Warcraft*-Gilde in Magtheridons Kammer eigentlich nicht auf den Damage Dealer mit dem besten Equip verzichten kann, ist mir gerade egal – um diese wirklich wichtigen Dinge des Lebens geht es gar nicht. Sondern darum, dass eine Konversation auf dem Angenehmheitsgrad eines vollgepissten Planschbeckens ansteht.

»Was ist los mit dir, Sohn? Ist das Brathähnchen jetzt auch wieder nicht vegan genug gebraten, oder was?«

Ich wische in lässiger Kopfbewegung meinen grenzwertigen Pony aus dem Gesicht, nur damit er wieder in selbiges herabfällt und die blanke Furcht in meinen Augen verdeckt.

»Nein, Mama. Ich habe eine Freundin.«

Meine Mutter signalisiert nonverbal, mit dem Essen fertig zu sein, in dem sie ihr angefangenes ganzes Hähnchen hektisch-gekonnt auf die Familienkatze wirft. Selbst sie liest die Situation und unterdrückt ihr Jaulen. Mein Vater und mein Bruder starren plakativ kauend auf die »Highlights« des 0:0-Unentschiedens zwischen Hansa Rostock und dem 1. FC Nürnberg. So gebannt, als sähen sie parallel zur Marslandung, wie ein Kleinwüchsiger Gold im Hochsprung holt. In dieses Messer bin ich alleine gelaufen.

Mamas Gesicht erliegt derweil mehreren Disfunktionen überspielter Höflichkeit: »Wie heißt sie?«

»Selina.«

»Das ist kein deutscher Name«, entgleitet ihr gekonnt wertfrei, um dann schnell anschließend mit anatomisch ähnlich unmöglicher Gestik wie der von Michelangelos Adam zu betonen: »Was ja okay wäre!«

Diese kurze Unsicherheit schafft es nicht, sie aus ihrer Rolle zu bringen.

»Wie weiter?«

»Hansen.«

»SELINA HANSEN, MEINE DAMEN UND HERREN! Da holt man dich einmal eine Viertelstunde zu spät vom Basketballtraining ab, plagt sich nächtelang mit Gewissensbissen, macht dir wochenlang deinen Lieblingshackbraten und ignoriert, dass du dir Chips und Alkopops in die Schultasche mogelst. Und trotzdem straft der hormonvermoderte Pubertätskarneval, der unter deinen geschwärzten Haaren tobt, mich mit Selina Hansen! Tochter von Gert und Silke Hansen. Aus der Molkereistraße. Das ist keine Gegend, in der du dich nach 16 Uhr noch aufhalten wirst,

mein Lieber. Enkelin von Ewald und Meta Hansen aus Butt-
forde. Hat sie das erwähnt, bevor du sie mit deinem pick-
ligen Zahnspangenlächeln verführt hast? Ewald Hansen
ist nämlich der Cousin dritten Grades von Fritz Dirksen
aus Blersum. Fritz Dirksen aus Blersum ist verheiratet mit
einer gewissen Frieda Wilken; Schwester von Trude Wilken. TRUDE WILKEN! Trude Wilken hat in der 5. Klasse der
Volksschule eine Hofpause dazu genutzt, Wilhelm Siebelt
provokationslos in den Mund zu rotzen! Wilhelm Siebelt!
Der Schwager deines Großcousins Ralf Claasen. Dein eigen Fleisch und Blut! Dieses Mädchen trägt eine Erbschan-
de, die du nicht mit dem Vergleichen eurer Geschlechts-
teile belohnen wirst!«

Um bloß nicht in ihren Wahrnehumgsradius zu gelangen, lutscht mein Vater nun schon seit einer buddhisti-
schen Ewigkeit am selben Hühnerknochen. Mein großer
Bruder aber ist zu schwach. Er hustet.

»Sag doch auch mal was dazu, Jan mit einem N!«

Er fängt an, zu weinen, nimmt seinen Löffel und schlägt
sich mit drei gezielten Hieben auf die Schläfe zur Bewusst-
losigkeit. An Kreativität mangelte es ihm nie.

»Selina kommt aus Neuschoo«, lockere ich die Runde auf.

»SELINA HANSEN AUS NEUSCHOO! Tochter von Hermann und Lisbeth Hansen. Aus der Neubausiedlung. Er,
Inhaber der Druckerei, sie Grundschullehrerin. Nichte von
Egon Harms, Bürgermeister. Von der CDU! Urenkelin von
Hubertus Becker, der Cousin von Claus-Wolfgang Becker,
nach dem in Rechtsupweg noch heute eine Straße be-
nannt ist!«

Tiere, so sagt man, können Naturkatastrophen vorher-
sehen. Unsere Katze flieht in einem Tempo, welches ge-

messen an Masse und Beinkürze eigentlich genauso widernatürlich sein müsste wie ihr Fluchtweg durch die Katzenklappe, für die sie nun schon seit fünf Jahren exponentiell zu dick ist. Auch mein Vater hat längst zum Löffel gegriffen und hämmert auf seinen Schädel ein.

»Das sind adrette Leute«, beschließt Mama ihren Gedankengang.

Mein Teller ist voll mit Stirnschweiß sowie aus Nase und Ohren geflossenem Blut. Auf den anderen Tellern liegen mein Bruder und mein Vater mit ihren Gesichtern. Mama entschließt sich, den Tisch abzuräumen.

»Du hättest sie heute zum Abendessen einladen sollen. Es ist ja immer nett hier.« Sie hält inne. »Oder ... ist sie auch Veganerin?!«

»Nein«, sage ich einfühlsam und helfe, den zu sich Kommenden die Essensreste aus den Gesichtern zu wischen.

»Sie kann nur noch nicht alles Feste essen. Wegen ihres neuesten Zungenpiercings.«

Es ist der klassische Samstagabend. Meine Mutter verkündet mit der Stimme von Gerhard Delling satanische Botschaften in rückwärts, während zwei Männer versuchen, sich durch eine Katzenklappe zu zwängen.

Ein Stückchen Hölle 2: Festivals

Ich bin eine anstrengende Mischung aus hungrig und randvoll, am notdürftig befestigten Bauzaun kotzt sich ein pummeliger Mann mit aufgeklebten Feenflügeln satt. Die gleißende Mittagssonne Zentralafrikas hat im 5,50-€-Papierzelt aus dem Sonderangebot meinen letzten Proviant, eine Tüte Haribo Happy Cola, zu einem milzähnlichen Klumpen verformt. Im Hintergrund spielt eine ortsansässige Blaskapelle Avril Lavigne; in Ermangelung an humoristischer Eigenleistung und Überschuss an Alkohol und Gras – was dann in der Mischung doch unbedingt illegal sein sollte – feiert das Publikum sie ähnlich exzessiv wie jenen Headliner, den ich nur von hässlichen Bandshirts kenne. Leider schaffen die Bläser und Beblasenen es trotzdem nicht, die Endlosschleife der gesammelten Santiano-Diskographie, die ausgerechnet aus unserem Camp dröhnt, zu übertönen. Mittlerweile muss ich mir jede Minute neu zureden, dass ich nicht Teil eines Grabenkrieges oder der Hungerspiele bin. Sondern auf einem Festival. Auf welches ich kleiner, dummer Schweinejesus mich auch noch gefreut hatte.

Musik (ausgenommen jener fälschlicherweise als solche bezeichnete Zusammenschnitte aus Krach, die auf führenden Radiostationen und in Dorfdiskotheken laufen, jemanden mit dem Präfix DJ als Interpreten ausweisen und ausdrücklich Kings of Leon) ist etwas Großartiges. Live-Musik ist sogar etwas noch Großartigeres. Da sämtliche tatsächlich von mir geschätzte Interpreten entweder tot, nicht mehr in Europa auf Tour oder fett, alt und egozentrisch geworden sind, nahm ich, um Derartiges auf meine alten Tage noch einmal erleben zu können, immense Abstriche in Kauf: Meine musikalische Erwartung an das »Rock an der brachliegenden Kuhle ohne Landstraßenanschluss«-Festival war mit zwei Songs, die ich aus dem gesamten Line-up kannte, einen, den ich davon mochte, und einer Band, vor deren Auftritt ich abreiste, von der ich aber zumindest wusste, dass sie live Unterhaltungswert hatte, relativ hoch. Meine soziale Erwartung an das »Rock im netzfreien Grenzgebiet rund 100 Kilometer von Zivilisation und *Burger King*«-Festival war dagegen berechtigt gering. Und doch schafften es auf mein Zelt fallende und urinierende 17-Jährige, sie genauso zu unterbieten wie der tätowierte Skinhead, der sich gerade mit einer Putzkraft auf Leben und Tod um ein schon zwei Tage in einer Pfütze liegendes Stück Pizza duellierte.

Vielleicht bin ich mit falschen Erwartungen angereist. Vielleicht ist dieser Ort einfach die letzte Bastion der Alltagsflucht, des Endlich-mal-daneben-Benehmens, des Im-eigenen-Erbrochenen-Tanzens und Mit-Plastikkrokodilen-Kopulierens. Peter, Staatsanwalt aus dem Nachbarcamp, ist zum Beispiel Festival-Veteran. Er kämpfte für unser Land in Wacken, trägt am Arm mehrere, stets mit ihm

duschende Abzeichen und hat eine durch Pfeffi triggern-
de Posttraumatische Belastungsstörung. Er hängt nun seit
zwei Tagen und Nächten in seinem Campingstuhl, erfüllt
von eigenen Körperflüssigkeiten und einer Geschlechts-
krankheit, mit der er gleich am ersten Abend ausgezeich-
net wurde. Christoph, Bundespolizist, wurde bei der Ma-
rihuana-Variante von Flunkyball in unser Camp integriert.
Er redet nun schon seit Stunden über die allgemeine Ka-
ter-Verstummung hinweg über Themen, die niemanden
von uns jemals interessieren könnten, und trinkt dabei ge-
sammelte Restschlücke aus einem Plastikhorn.

Die Hälfte unserer Gruppe kommt soeben nach zwei-
tägiger Abwesenheit zurück in unsere versiffte Müllhal-
de. Wo sie waren, wissen sie nicht. Wo man hier duschen
kann, weiß niemand. Felix, Grundschullehrer, hat sich dabei einen mysteriösen Ausschlag zugezogen, in den sich
ein Sonnenbrand letzten Grades gebrannt hat, der immer im Wechsel eitert und blutet. Diese Menschen werden sich im Nachgang nicht etwa beklagen. Sie werden
behaupten, ein »geiles« Wochenende gehabt zu haben,
und spätestens durch den gemeinsamen Verzehr von
Mettbrötchen und Döner (der hier verdächtigerweise nur
»Drehspießtasche« heißt) Freundschaften über die Lei-
denszeit hinaus begründen.

Warum also bin ich – neben dem mittlerweile verhaf-
teten Pizza-Skinhead – der Einzige, der sich hier wie im
nordkoreanischen Arbeitslager fühlt? Habe ich zu wenig getrunken? Definitiv nicht. Bin ich einfach zu alt? Vermutlich nicht, hier sind selbst die durchschnittlichen Piss-
spritzpistolennutzer zehn Jahre älter als ich. Bin ich vielleicht einfach zu verbittert, empfinde keine Freude mehr

im Leben und bin auch sonst nur durch ein Schlupfloch ins irdische Miteinander gelangt, um Zwietracht und Leid zu sähen? Vielleicht ein bisschen. Aber das ist nicht der Punkt.

Wahrscheinlich mit der Tomorrowlandisierung von Großkonzerten, spätestens aber mit der Kommerzialisierung von Wacken ist die alternative Musikkultur, in der Musikfestivals ihren Ursprung haben, einer ekelerregenden Eventkultur gewichen. Unbekanntere Bands müssen zu Veranstaltern netter sein, als das Sexualstrafrecht für angemessen hielte, Eintrittskarten plus Campingplatznutzung, plus nur im Zeitfenster einer halben Stunde rückerstatteter Müllpfand sind fast so teuer wie ein Kinobesuch mit der Familie und die Fressbuden berechnen für die Salmonellen auch noch Aufpreis. Konsumenten haben nicht mehr stolz »Rammstein live gesehen«, Konsumenten sind stolz »jedes Jahr in Wacken«. Das Festival selbst ist jetzt der Grund für den Besuch, die Möglichkeit, sich gesellschaftlich akzeptiert (wenn auch nicht von dem älteren Ehepaar, das sich seit Tagen von außen das Campinggelände wie ein Zoogehege ansieht) für Mondpreise danebenzubenehmen. Jedes Pappschild, jedes noch so unkreative T-Shirt ist extrem lustig, die Person, die nach vier Tagen ohne waschen, Zähne putzen oder nach dem Urinieren schütteln am meisten stinkt, bekommt einen Adelstitel. Die Zahl der nicht vollends freiwilligen Entjungferungen zollt selbst der katholischen Kirche Respekt ab.

All mein Respekt für unsere Veteranen, die für unsere Freiheit Gliedmaßen verloren und Wodka-E aus Eimern getrunken haben. Aber ich kann niemanden ernstnehmen, der seine Festival-Armbänder wie Orden trägt und es immer noch witzig findet, »Helga« zu rufen.

Weil das originell selbsternannte »Team Braut« ständig vergisst, das Lagerfeuer zu löschen, werde ich hier im Flächenbrand des »Rock in der Steppe ohne Ortsfeuerwehr« verenden. Aber das ist okay. Dann muss ich immerhin nie wieder Meiern oder Ravioli mit den Händen essen …

Obwohl er eher zum Lesen als Performen geschrieben ist, verbleibt als einer meiner letzten unerfüllten Slam-Träume – u. a. für einen Text eine 2 erhalten (klar, 1 wäre relativ einfach, aber wer gibt denn wofür bitte eine 2?!), einmal in der Lokalpresse richtig geschrieben zu werden, einen Slam-Bestseller zu schreiben (pssst, alle Ihre Freunde wollen dieses Buch zum Geburtstag) – diesen Text auf einer Festivalbühne zu präsentieren. Leider bin ich dafür nicht gut genug.

Ein Kettenbrief

WARNUNG!!! NICHT WEITERLESEN – SCHLIMME DINGE WERDEN PASSIEREN!

Zu spät. Du wurdest gewarnt. Jetzt MUSST du weiterlesen, sonst stirbt deine Mutter – irgendwann. *WhatsApp* soll zum 31.12. kostenpflichtig werden und du kannst das verhindern!

Schicke diesen Kettenbrief an neun Facebook-Kontakte, deine fünf letzten *WhatsApp*-Chats, alle deine *WhatsApp*-Gruppen (auch die Familiengruppe mit dem scheiß unlustigen Namen, den sich Papa überlegt hat)! Poste ihn unter alle *YouTube*-Videos von Julia Engelmann und auf die Facebookseite von Alexander Dobrindt! Pinkel diesen Kettenbrief in den Schnee (maximal sechs Anläufe)! Kauf dir im *MediaMarkt* alle *Twilight*-Filme – den ersten zweimal – und sag an der Kasse dann, die seien für einen Freund! Geh nach einer Viertelstunde nochmal zurück an die Kasse und sag, die sind doch nicht für einen Freund! Schenk dem Kassenpersonal die doppelte DVD vom ersten Film als Schuldbewusstsein! Wenn es das Geschenk nicht annehmen kann oder will, verlange nach dem Geschäftsführer und verliebe dich in ihn! Mach dir einen netten Abend mit den Filmen, gönn dir mal was! Bestell dir eine Pizza oder so! Mach dir geile Duftkerzen an! Ich bin ein Kettenbrief, kein Unmensch. Mach ein Selfie von dir und dem *Twilight*-Film, der dir am besten gefallen hat (Na, war es der zweite?), untertitle es mit #TeamJacob und verlinke die Facebookseite von Alexander Dobrindt! Verhandle den Tausch von Saarland und Elsass-Lothringen! Lass ins Gespräch miteinfließen, dass du mit Dobi eine einflussreiche Person aus der Politik in deinem Rücken weißt! Lerne Lettisch, einen Zaubertrick, mit dem man verschwinden kann, und ein Instrument! DJ-Pult ist kein Instrument. Gib Waisenkindern Unterricht in dem Instrument! Sei ein strenger, aber mitfühlender Lehrer! Sieh zu, wie manche an der Herausforderung wachsen und andere scheitern! Adoptiere sie alle! Lass sie nach 15 Jahren ein großes Konzert geben! Ersetze auf den Notenblättern den Text von »Show Me the Meaning of Being Lonely« durch diesen Kettenbrief! In dem Moment, in dem deine Kinder den Schwindel bemerken, fliehe mit dem Zaubertrick, den du gelernt hast, nach Estland! Erzähle allen Esten, denen du begegnest, auf Lettisch, wie ärgerlich es ist, dass du ihre Sprache nicht beherrschst. Entdecke ein neues chemisches Element und nenne es Dobrindtium. Qualifiziere dich mit einem pointiert-intelligenten Text über Lügen für die deutschsprachigen Meisterschaften im Poetry Slam und tritt dort stattdessen mit diesem Kettenbrief an! Lauf durch Düsseldorf im FC-Trikot, durch Gelsenkirchen im BVB-Trikot und durch irgendeine Stadt im RB-Leipzig-Trikot! Füttere die Tiere im Zoo! Lies Busfahrern während der Fahrt diesen Kettenbrief vor! Rauch am Bahnsteig außerhalb des Raucherbereichs! Crack. Tu all die Dinge, die du schon immer tun wolltest! Mach deine Leidenschaft zum Beruf! Führe ein wildes Leben in einer Metropole, bevor du und der Geschäftsführer von *MediaMarkt* sich irgendwo auf dem Land niederlassen! Werde ein hohes Tier bei wikipedia und ändere Andrea Nahles Namen in jedem Artikel zu André Anahles. Überlebe eine Enthauptung und führe mit deinem Kopf ehrenamtlich in Kindergärten den Klassiker der Lernpuppentheaterstücke *Der Polizeikasper jagt einen gefährlichen Mann* auf! Schreibe der Person, die dir den Kettenbrief geschickt hat, zwei Adjektive, die sie beschreiben! Nicht schummeln, nur zwei! Und keine Emojis. Bitte. Wenn nicht für mich, dann für *WhatsApp*.

Menschen, die Kettenbriefe weiterleiten, haben einen Platz in der Hölle genau zwischen Leuten, die bei Flugzeuglandungen klatschen, und Leuten, die bei Flugzeugabstürzen klatschen.

Um zu testen, ob dieser Text trotz seiner Absurdität tauglich ist, sendete ich ihn an mehrere befreundete Poetry Slammer. Hier die Top 5 der Adjektive, die mich beschreiben sollen: infantil, autistisch oder?, dicker als früher, Woher hast du diese Nummer?, tl;dr.

Studium

Es ist ein großartiges Privileg, studieren zu dürfen. Egal, was! Sogar Anglistik und Theologie auf Lehramt. Egal, wo! Sogar Paderborn.

Was? Diese Entscheidungen für Studienfächer und Studienstandort gingen für Sie nicht klar aus den bisherigen Texten hervor?

Zugegebenermaßen ist dieses Berufsziel doch recht weit entfernt von meiner kindlichen Wunschvorstellung, wie mein großer Bruder Jan Astronaut zu werden. Aber man las mir als Kind nicht umsonst Märchen vor wie *Die drei kleinen Schweinchen*, *Aschenputtel*, *Frau Holle* oder *Der Wolf und die sieben Geißlein*. Denn deren Botschaft ist klar und zeitlos: Von egal wie vielen Geschwistern bringt es immer nur einer zu etwas.

Willkommen an der Universität Paderborn!

Um den Studienanfängern des Wintersemesters 2017/18 an der Universität Paderborn einen Einblick in das Studienleben zu liefern, durfte ich folgende Rede im Stadion des SC Paderborn halten. Es ist nicht etwa das, was ich diesen kulturell zwanzig Jahre entfernten Mensa-Vordränglern mit auf den Weg geben wollte. Sondern was ich bei meiner Einschreibung gerne gehört hätte.

»Und jedem Anfang wohnt ein Zauber inne, der uns beschützt und der uns hilft, zu leben.«

Das hat die Jahrgangsbeste als *WhatsApp*-Status. Die dumme Pute. Nicht nur, dass sie das Heinrich Heine statt Hermann Hesse zugeordnet hat, wenn man erstmal ein Jahr Work&Travel in Neuseeland macht, um danach in Berlin Soziale Kulturmarketingeventmanagementdesignsmedienwissenschaftspädagogik zu studieren, geht einem das relativ leicht von den Lippen. Wenn man die ganze Nacht über seine Beziehungsprobleme jodelt und in einem grauen Betonbau sitzt, in dem eigentlich schon Regionalliga-spiele gegen Rödinghausen oder Erndtebrück geplant waren, vielleicht nicht so ganz.

»Schulzeit ist die schönste Zeit des Lebens.« Mit dieser Motivation wurde man jahrelang durch zu frühe Morgen, zu kaputte Activboards und organisiertes Mobbing gejagt. Immerhin das ist vorbei. Sollte man meinen.

»Studium ist die schönste Zeit des Lebens«, hallt es durch ein Stadion, durch das sonst allen Ernstes dieses unerträgliche Paderborn-Lied läuft. Und dazu: Dieser Gestank. Dieser stinkende Gestank. Dieser stinkende Gestank stinkt! Das sind ... Teamer!

Teamer, das ist indianisch für »der mit der Kellerassel tanzt«. Teamer sind Dementoren in Kapuzenpullovern, die kleine, unschuldige Erstis empathielos in die Studienmaschinerie werfen und sich dazu auch noch gute Laune angetrunken haben. »Studium, die schönste Zeit des Lebens.« Wartet mal ab, bis ihr eure Kurse wählen dürft! Denn Kennern wird auffallen, dass das Betriebssystem der Paderborner Universität, »PAUL«, einen klitzekleinen Haken hat: ES FUNKTIONIERT NICHT! Für den Moment mögen diese Teamer für euch unantastbare Halbgötter sein, deren kleine Präsenttütchen euch mit Kugelschreibern, Luftballons und Kondomen versorgen; die euch verraten, welche Mensa-Schlange die schnellste ist; die euch in einer riesengroßen, verlustreichen Kneipentour Stammtischkeller zeigen, in die normalsterbliche Paderborner nie einen Fuß hineinsetzen würden. Aber stellt diesen Menschen inhaltliche Fragen. Seht zu, wie Fassaden bröckeln:

»Ja, da kann ich jetzt auch nichts zu sagen. Ich kann mal für dich googlen, wann der IT-Support offen hat.«

»Nee, 'ne Hausarbeit hab ich jetzt persönlich auch noch nie geschrieben. Aber ich könnt mal für dich googlen, wie das geht!«

Auch diese Begrüßungsveranstaltung ist reine Fassade. Die AstA-Leute haben nach einem Semester Burn-out. Das SCP-Maskottchen hat Backstage versucht, mir Gras zu verkaufen!

Der Punkt ist eigentlich: Wenn ihr es hierher geschafft habt, dann braucht ihr das hier alles gar nicht. Ihr seid jetzt erwachsen. Man fragt sich ja immer so twitterphilosophisch, wann es so weit ist: Man sei erwachsen, wenn man seinen Schulabschluss hat, wenn man seine erste Steuererklärung macht, wenn man seine erste Darmspiegelung hatte. Nein. Erwachsen ist man, wenn ein Poetry Slammer es einem sagt. Bitteschön! Das war's mit eurer Kindheit!

Ihr seid jetzt mündige Erwachsene. Viele von euch haben schon mal ihre eigene Wäsche gewaschen. Ihr eigenes Essen angebrannt. Ihre eigenen Sportwetten platziert. Ihr eigenes Haustier vom eigenen Ersparten ... einschläfern lassen.

Ihr müsst euch von jemandem, der seit Anfang des Jahrzehnts abschlusslos Religion auf Lehramt studiert, nicht erklären lassen, wie die Welt funktioniert. Ihr seid hier, um dieser Welt überhaupt erst neue Funktionen und Erklärungen zu geben!

Klar, heute studiert ihr nur Textilgestaltung oder Linguistik. Aber morgen findet ihr vielleicht den Beweis, dass Delfine doch Fische sind, oder ein Heilmittel gegen Beatrice Egli. Alles ist möglich. Klar, ihr denkt euch, es ist ja nur Paderborn. Aber genau das ist das Geile an Paderborn. Es ist NUR Paderborn und Paderborn weiß das. Hier seid ihr jemand. Hier feiert die Verwaltung noch für jeden neu eingeschriebenen Studenten eine historisch große Schaumparty mit DJ, Hochzeitstorten-Buffet und Fundbüro-Tombola! In Paderborn ist nichts los. NICHTS! Wisst ihr, wie viele Möglichkeiten euch das bietet, hier was Neues zu machen? ALLE!

Es gibt hier keinen *Zara*, kein *Vapiano*, keine S-Bahn, keinen *Primark*, kein *Foodora* oder *Deliveroo*, keinen *Starbucks*. Richtig gehört, wir haben nicht mal Starbucks! Aber die Leute, die sich darüber ärgern, ziehen nach zwei Semestern nach Dortmund, arbeiten dann irgendwann in Köln oder München, denken, sie wären geile Leute, nur weil sie in 'ner geilen Stadt wohnen, und werden dann von 'ner S-Bahn erfasst.

Also macht was aus euch! Denn diese Stadt und diese Uni brauchen das. Macht Hochschulpolitik – aber nicht weil irgendein besoffener Teamer es euch aufgequatscht hat, sondern weil ihr Ideen für diese Universität habt. Zum Beispiel ein neues Betriebssystem.

Macht Hochschulsport – aber nicht weil irgendein besoffener Teamer euch dafür 'nen Tequila ausgibt, sondern weil ihr euch aus eigener Verantwortung heraus wehren wollt, gegen die Kilos, die ein *Burger King* direkt neben der Uni nun mal mit sich bringt.

Tretet in den Debattierclub ein – aber nicht weil ihr Mitleid mit diesen Schnapsleichen habt, sondern weil ihr wisst, dass ihr bei Bedarf alles in Grund und Boden debattiert.

Fangt mit Poetry Slam an und tretet bei der Erstsemesterbegrüßung auf – aber nicht weil ich das wahrscheinlich nicht nochmal so machen darf, sondern weil ich weiß, dass ihr das besser könnt.

Paderborn hat das günstigste Bier des Landes. Paderborn hat laut Kay One sogar den besten Dönerladen des Landes. Das ergibt insgesamt die objektiv besten Studienmöglichkeiten des Landes. Macht was draus! Und wenn es nur der Rekord für die meisten Alkoholvergiftungen innerhalb einer O-Woche ist. Macht es!

Aber wenn bei euch immer noch einlobotomiert ist, dass »jedem Anfang ein Zauber inne wohnt«, dann fangt gefälligst auch an, zu zaubern!

Buchvorstellung: die Bibel

Der Autor dieses Buches ist studierter Theologe. Das glauben immer viele nicht. Aber es glauben ja auch nicht mehr viele an Jesus. Um Sie thematisch auf mein geistliches Level herabzusetzen, möchte ich Ihnen daher nun dieses in der Theologie umstrittene, aber ab und an noch zitierte Werk näherbringen – im Stile einer wikipedia-improvisierten Buchvorstellung in Klasse 5.

Am Anfang macht Gott – das ist die Hauptperson – die Erde. Warum, wird nicht gesagt. Man bekommt ohnehin überhaupt keine Hintergrundinformationen zu irgendwas. Er kreiert die Erde jedenfalls in sieben Tagen – und die Zeit erst später, also ohne auf die Uhr zu gucken. Außerdem komplett im Dunkeln, weil ihm Licht auch erst zwischendurch als günstige Ergänzung einfällt. Und dann auch nur Sonnenlicht; die Hälfte der Zeit wär hier also alles scheiße dunkel, hätten Prometheus und Thomas Edinson nicht Feuer und Glühbirnen an den Start gelegt. Die werden in diesem Buch allerdings kein einziges Mal erwähnt!

Das ist Gott aber ziemlich egal. Er schaut sich sein Wochenwerk an und »sieht, dass es gut ist«. Er ist ziemlich offensichtlich auch die literarische Figur, auf die der Begriff »Gott-Komplex« zurückgeht. Danach erschafft er noch Landtiere, Meerestiere, Gefieder, Reptiloiden, Kobolde ...

Ich bin der Ansicht, jemanden, der das, was er tut, so dermaßen zelebriert, gerne mal hinterfragen zu dürfen: Warum Wespen? Oder Bisamratten? Krähen? Oder Schlangen (Ja, die könnten noch ein Problem werden, mein Lieber)?

»Ich präsentiere: Die Kuh, sie ist unumschubsbar, mäht Gras und gibt Milch, ein Grundnahrungsnahrungsmittel, aus dem man Käse machen kann, den man dann zum Beispiel auf Burgerpatties legen kann, die man ebenfalls aus Kühen macht.

Uuuuund das hier ist die Ratte. Sie frisst Getreidevorräte. Sieht aus wie die Hulk-Version einer Maus. Und überträgt Epidemien.«

Gott hatte demzufolge keine Kontrollgremien, weshalb er die Erde nun in die »sicheren« Hände des Menschen gibt. Da er offensichtlich an einer narzisstischen Persönlichkeitsstörung leidet, erschafft er den Menschen nach seinem Ebenbild, guckt sich wiederum alles an und sieht jetzt, dass es »sehr gut war«. Bäh.

Damit endet das erste Kapitel. Wir dürfen uns also selbst ein Bild machen, wie »sehr gut« diese Schöpfung ist, denn direkt zum Anfang des zweiten Kapitels macht er ALLES NOCHMAL NEU. ALLES!

Man kann allerdings nicht behaupten, er hätte nicht aus seinen Fehlern gelernt. Er macht dieses Mal nur den Mann: Adam. Und er baut ihm ein riesiges Paradies, in dem die beiden Bros abhängen, saufen und *PlayStation* spielen kön-

nen. Leider ist Adam wie alle anderen Männer auch: un-
dankbar und schwanzgesteuert.

Er wünscht sich unbedingt eine Frau. Ihre Bromance ist
tragischerweise auch noch so stark, dass Gott ihm den
Gefallen tut. Allerdings nicht ohne ihm bei der Gelegenheit noch ohne Betäubung eine Rippe zu entfernen. Ein
kathartischer Brauch, den moderne Christen nur noch
heimlich praktizieren.

Adam und Eva verlieben sich – auch weil es schwer ist,
sich zu ghosten, wenn man die einzigen Menschen auf
der Welt darstellt. Es kommt, wie es kommen muss: Eva
möchte Adam ihre ballaststoffreiche Ernährung aufzwin-
gen, Gott sieht die sogenannte goldene Regel, »Bros be-
fore Hoes«, darin verletzt und setzt die beiden vor die Tür.
(Das mag alles total banal klingen, aber im zweiten Teil
muss deswegen noch jemand sterben!)

Außerhalb des Paradieses finden sich Adam und Eva
dann im gewöhnlich langweiligen Familienalltag wieder,
bekommen einen Sohn und dann noch einen, der vom
Älteren umgebracht wird. Daraufhin wird oft unterschla-
gen, dass die beiden aus dieser positiven Erfahrung heraus
noch einen Sohn zeugen. Der ist eigentlich der krasseste
Typ in diesem ganzen Buch, weil es ihm erklärungslos gelingt, alleine die ganze Erde zu bevölkern.

Auch Gott scheint das nicht so wirklich wertzuschät-
zen – der macht nämlich wieder, was er am liebsten tut:
ALLES NOCHMAL NEU. Aber er ist ja fair. Seine Kreation
darf jämmerlich in einer Flut ertrinken. Eine Person darf
sogar überleben unter der nachvollziehbaren wie lösba-
ren Bedingung, dass er beide Geschlechter von allen 8,7
Millionen Tierarten versammelt. Im Übrigen wieder eine

Gelegenheit, Ratten, Wespen oder Penisfische loszuwerden. Eine kleine Zusatzaufgabe beinhaltet für den Auserkorenen des Weiteren, eine Arche bauen zu müssen, auf der dann alle diese Tiere Platz haben. Weil dieses Werk noch weit entfernt von durch *Game of Thrones* beeinflusster Literatur ist, durften Hauptcharaktere noch nicht sterben, weshalb der auserwählte Noah das alles irgendwie schafft. Gott verspricht daraufhin – leider, wie man heutzutage feststellen muss –, nie wieder ALLES NOCHMAL NEU zu machen. Stattdessen wird der Leser mit fünf Seiten Stammbaum gefoltert. Die daraus resultierten Menschen bauen einen riesigen Turm in den Himmel, vermutlich um Gott fragen zu können, was das mit den Ratten sollte. Doch der gibt keine Baugenehmigung, sondern verteilt stattdessen komplizierte Fremdsprachen. Jann Wattjes besteht sein Graecum trotzdem und sieht, dass die Note »sehr gut« war. Steht da alles so drin.

Danach wieder mehrere Seiten Stammbäume, Gott kann es doch nicht lassen und killt wieder ganze Völker – aber diesmal nur die Ziegenficker aus der Metalband Sodom. Wieder Stammbäume. Josef und Jakob verlagern das Geschehen nach Ägypten. Was sich in der Folge als mittelgeile Idee herausstellt. Gott tötet (dieser Mann hat ein Aggressionsproblem) deshalb ägyptische Kinder, schickt sein Volk in die Wüste und verlangt als Dankeschön, dass sie sich an zehn simple Regeln halten.

Er bessert noch ein bisschen nach, indem er drei Bücher mit 452 (!) weiteren Regeln und Gesetzen folgen lässt.

Unter anderem:

Lass niemanden von deinem Dach fallen! (Deuteronomium 22,8)

Iss keine Eulen! (Dtn 14,11)

Wenn ein Sklave nicht freigelassen werden möchte, stich ihm ein Ohrloch! (Exodus 21,5–6)

Lass Trauben, die herunterfallen, auf dem Boden liegen, damit die Armen sie essen können! (Levitikus 19,10)

Wenn du dich daran nicht hältst, musst du deine eigenen Kinder essen. (Lev 26,29)

Die kommenden Bücher sind dann in etwa so gelungen wie die *Star Wars*-Prequels, mit zu viel Geschichte und Politik. Psalmen, Sprichwörter, Hohelieder, Glückskekssprüche, Poetry-Slam-Texte, Blondinenwitze. Zum Abschluss kommen dann noch die Propheten, damit man sich einen Teil 2 offenhalten kann. Und damit auch etwas für die Leute dabei ist, die nicht sowieso schon CSU wählen: Amos für Kommunisten, Daniel für Vegetarier, Jona für die Überlebenskünstler, Debora für die Feministinnen und Ezechiel für die Star-Trek-Fans.

Wer wie ich lange Jahre die Fortsetzung von *Twin Peaks* erwarten musste, kann in etwa nachvollziehen, wie es den Leuten ergangen sein muss, die damals täglich neuestestam.net aktualisierten, um zu schauen, wann denn endlich der zweite Teil erscheint. Nach nur 500 Jahren war's dann auch schon so weit. Ich will nicht sagen, dass Sequels per se schlechter sind als das Original. Aber am Anfang des Neuen Testaments gibt es nur so eine klassische Vom-Tellerwäscher-zu-einer-Million-Follower-Geschichte. Viermal! Und der Rest handelt dann von so einem Typen mit sehr einfallslosem Künstlernamen, der irgendwelchen Völkern, die es schon nicht mehr gibt, über ebendiese Story Briefe schreibt.

Das Ende soll dann irgendwie die große Offenbarung sein, was im Endeffekt nur der Fiebertraum von einem 6-Jährigen ist, der zum ersten Mal *Dragonball* geguckt hat.

Ganz persönlich bin ich übrigens der Meinung, dass auch bei diesem Messias-Ding minimal getrickst wurde. Die wollten einfach das Sequel unbedingt sofort machen, der konnte nicht wirklich Menschen wiederbeleben, Krankheiten heilen, über Wasser laufen. Ich glaube, der war einfach nur ein verdammter guter Zimmermann.

»Pfff. Messias sucht ihr. Ja nee, keine Ahnung – aber hier, Nazarethsens Jesus, der kann Wandverkleidungen zusammenholzen – vom Feinsten. Haste noch nicht erlebt, wie fix der die Fußböden feddig macht! Da kannste gar nich gegen gucken. An und für sich is datt 'n Wunder, so besoffen, wie der immer auffe Maloche kommt. Den gibste 'ne Flasche Wasser inne Hand, nächste Minute hat der Pulle Wein am Hals.«

Jedenfalls nagelte man den dann mit seinen eigenen Nägeln an eine Holzlatte, bis er ausblutete. Und damit war im Umkehrschluss die ganze Sache mit Adam ganz rational wieder gegessen.

Im Großen und Ganzen geht es in der Bibel also darum, dass Jesus uns wieder heim ins Reich ... falsches Buch, Entschuldigung ... uns wieder ins Reich Gottes holt! Und so wie Gott von seinem Wirken spricht und immer direkt alles radikal neu macht, was ihm nicht passt, muss es da ganz schön geil sein. Und rattenfrei.

Der Junge, der klebte

Er war klug, aber nicht sehr
Gab optisch nicht viel her
War korpulent, aber nicht schwer
Hatte nie viel, kein Ziel
Wollt' aber auch nicht mehr
War nicht besonders, eher normal
Nicht relevant oder anders, eher egal
Jemand, der sich einem vorstellt
Aber dann direkt aus dem Gedächtnis fällt
Einzimmerwohnung
Im egalsten Teil von Bochum
Geschirr mit zweijährigen Essensresten
Die Möbel sind querliegende Bierkästen
Die Ultras-Fahne fängt zu schimmeln an
Vergilbter Schriftzug: Bochum Haram
Küchennische neben dem Bett
Uralte Flecken im Parkett
Und auf der Fußmatte
Zu Besuch: Die Zeugen mit Buch
Oder manchmal 'ne Ratte
Vor der Haustür tote Gangster

Im Bad kein Fenster
Im Essschrank wieder nur Reis
Das Leitungswasser entweder wie die Hölle so heiß
Oder wie Trockeneis so kalt
Sein Vermieter rund 90 Jahre alt
Die Miete zahlte er in Reichsmark
Als der nachsah: Absoluter Scheißtag
Boiler voller Maden, alles verkalkt
Enormer Schaden, Wohnung uralt
Kosten, die sich in Zehntausenden bewegen
Plötzlich konnt' man dann auch von »Euro« reden
Was sollt' er also machen
Außer aufhören, sich zu waschen?
Stinken tat's hier sowieso
Seine Haare fettig, immer schon
Dann halt noch mehr Isolation
Reaktion auf seinen Kummer?
Jede Version von Zucker!
Toffees, Popcorn, Lollipops
Goldbären, Karamellbonbons
Da half sich nicht zu waschen
Ihm auch noch beim Naschen
Wenn er in die Tüte griff,
Klebten an ihm schon die Flips
Tagsüber hielt er sich damit fit
Sticker zu kleben auf Ampeln,
Litfaßsäulen, Autobeulen
An alle Laternen im Revier
Klebte er nicht Sticker, sondern Papier
Substanzen, zwischen denen chemisch Lücken klafften
Blieben wie von Kleberhand nun aneinanderhaften

Plakate an Wänden
Produkte an Ständen
Alles geklebt an den Enden
Mit seinen schmierigen Händen
Einer Passantin fasste er in den Zopf
Und zog ihr die Haare vom Kopf
Versorgte einen Glatzkopf
Mit dem verklebten Echthaar
Und sah, dass es gut war
Er wollte mehr
Trank Flüssigkleber leer
Den Kleber von Pritt
Benutzte er als Lippenstift
Ließ sich ein Bad ein
Voll mit Leim
Er begann, Kaugummi zu schlucken
Endlosschleifend *Flubber* zu gucken
Ließ das Naseputzen sein
Und rieb sich ein
Mit dem Schleim
Er, nach all den Jahr'n
Ohne Plan, nach dem er lebte
War nun: der Junge, der klebte
Es dauerte nur Tage, dann
Begann, dass man ihn in die Lage
Eines Helden versetzte
Er spann wie Spiderman klebrige Netze
Verklebte AfD-Münder gegen die Hetze
Er klebte Alkoholikerscheuchen vor Spielplätze
Und auf Alkoholikerbäuche Waschbretter
Keine perfekte Illusion

Aber der Versuch war ein netter!
Er klebte bei Kleiderzerfetzungen
Jeden einzelnen Faden
Klebte die Matrix-Fortsetzungen
So zusammen, dass sie Sinn ergaben
Selbst die Europäische Union
Klebte er einfach wieder aneinander
Leimte Tiere aufeinander
Und rettete so den Panda
Beendete das Artensterben
Klebte Montenegriner wieder an Serben
Bei den Koreanern war das nicht so gescheit
Auch *Carglass* schickte er in die Arbeitslosigkeit
Wenn einen schon mal jemand ohne bescheuerten Jingle
Vom Steinschlag befreit ...
Seine Superkraft wurde zum Fluch
Sein Bami Goreng blieb beim Versuch
Seine rechte Hand, musst' er oft erklären
Ließ sich nicht mehr vom »Klebstift« entfernen
Papierstapel ließen sich nicht mehr trennen
Tastatur-Tasten hafteten an seinen Händen
Unter all dem Schmieren und Einfetten
Vor Bürokratiechaos nicht mehr zu retten
Wie kommt man so über die Runden?!
Ihm waren doch die Hände gebunden!

Und deswegen werden Sie verstehen, dass es mir nicht
möglich gewesen ist, Ihnen die Heizkosten in Höhe von
100 € fristgerecht zu überweisen. Ich bitte Sie daher, von
Ihrer Mahngebühr abzulassen, dieses Gedicht inklusive
des beigelegten 25-€-Gutscheins für den UHU-Onlineshop

als ausreichende Anzahlung zu akzeptieren und auch in Zukunft noch das ein oder andere Auge zuzukleben.

Hochachtungsvoll, Ihr Harry Schmodder

Dieses Gedicht versetzt uns zurück in meine erste Wohnung im Herzen des Paderborner Riemeke-Viertels. Es kam dabei heraus, dass ein befreundeter Mädchenlyriker mich bat, mich doch auch an »richtiger Lyrik« zu versuchen, statt mich immer nur darüber lustig zu machen. Verstehen Sie es wie den tatsächlichen Ideenanstoß für dieses Gedicht: als Mahnung.

Bei seiner Erstaufführung im malerischen Greven vollbrachte dieses Werk außerdem das Kunststück, von verschiedenen Juroren mit einer 10 und einer 3 bewertet zu werden.

Gern geschehen, Fleetwood Mac! (Lügen 2.0)

Mein Name ist Jann Wattjes, ich bin 35 Jahre alt, ich liebe es, Bühnentexte zur Lesbarkeit umzuschreiben – und in diesem Text geht es ums Lügen.

Lesen Sie bitte nur weiter, wenn Sie bibelfest sind, ansonsten wird sich die Aussage des Textes leider nicht wirklich für Sie erschließen. Aus Paderborn kommen zählt. Denn dann wissen Sie, wie schlimm Lügen ist: In den zehn Geboten ist es auf demselben Level wie Diebstahl, Brandstiftung, Rufmord und Mordmord. Trotzdem lügen wir ständig. Im Einleitungssatz waren alleine drei. Ich bin doch keine 35 – mehr. Und »Jann Wattjes« ist kein echter Name, so heißt doch niemand. Aber Sie haben genauso gelogen. Sie haben sich für bibelfest genug gehalten, um weiterzulesen, aber nicht einmal kurz hinterfragt, ob Brandstiftung wirklich eines der zehn Gebote ist. Brandstiftung. »Du sollst nicht kokeln«, oder was?

Der Punkt ist: Lügen ist salonfähig geworden. Klar, am Anfang sind es nur Kleinigkeiten, aber die ergeben eine gigantische Summe alternativer Fakten.

Kleinigkeiten wie »Mir geht's gut«, obwohl man gerade frisch geschieden, gefeuert oder erschossen worden ist. Oder »Klar war ich mit dem Hund raus; keine Ahnung, warum er gerade fünf cremige Haufen auf die Küchenzeile geschissen hat«. Kleinigkeiten wie »Haha« mit dreifachem Lachemoji als Antwort auf einen Link, den man überhaupt nicht angeklickt hat. Kleinigkeiten wie die Tor-Anzahl der Auswärtsmannschaft im Stadion: »NULL.«

Aber dabei bleibt es nicht:

»Ich glaube Ihnen, dass Ihnen wie vorgestern auch heute genau 2 € für den Bus fehlen, aber ich habe leider nie Bargeld dabei und muss auch ganz schnell zu meinem Zugbusarbeitszahnarzttermin.«

»Ich habe irgendwie schon gar keinen Hunger mehr, aber das hast du wirklich lecker angebrannt!«

»Du hast so Recht, in die Dusche pissen ist total abartig – und Pornografie auch.«

»Ja danke, Opa, deine Anekdote über den Zweiten Weltkrieg war wirklich unproblematisch und lehrreich.«

»Nein, Sie haben eine geistige Behinderung? Das wäre mir jetzt bei unserem Gespräch über ›Töff Töffs‹ gar nicht aufgefallen.«

»Da war nur Radler in den Schnapsgläsern!«

»Och ja, so ein Kaffee um 3 Uhr morgens bei dir am anderen Ende der Stadt ließe sich jetzt schon noch einrichten.«

»Niemand hat die Absicht, eine Mauer zu errichten.«

»Ich liebe dich auch.«

»Weil ich Fußballfan bin, steht mir automatisch eine Beurteilung des Paarungsverhaltens von Timo Werners Mutter zu.«

»Danke, ich fand deinen Text auch richtig gut!«

»Ach, es ist ja nur das Mindesthaltbarkeitsdatum, ich kann das jetzt schon noch essen, ohne mir dabei vorzustellen, wie meine Nieren verfaulen.«

»Klar, *Pepsi* ist okay!«

»Mir sind meine 1.325 Facebook-Likes jetzt gar nicht so präsent.«

»Es ist total sinnvoll, dass ich das alles in Anführungszeichen gesetzt habe.«

Alles schon mal gesagt, gedacht oder gehört. Und das waren jetzt schon 21 Lügen. Und selbst das ist gelogen, als würde ich die für einen Slamtext nachzählen.

Aber Lügen ist nicht mehr nur ein Umstand der Bequemlichkeit, Lügen hat unsere Menschheit überhaupt erst dahin gebracht, wo wir heute sind:

»Mach deine Arbeit auf dem Feld, gründe eine Familie und halt dich an die Regeln, denn nur so kommst du ins Paradies.«

»Der Kapitalismus wird uns irgendwann ALLE reich machen!« Oder die ganzen Kinder, die nie gezeugt worden wären, gäbe das männliche Gehirn nicht sämtliche Kreativität für Lügen auf. Denn Lügen ist kreativ. Uns interessiert nicht, ob die Amerikaner die Ersten auf dem Mond waren. Zum Mond fliegen können andere Nationen auch. Faszinieren würde uns, wenn diese kranken Bastarde es geschafft hätten, die Mondlandung zu faken! Denn ehrlich sein kann absolut jeder – das ist keine Kunst. Leute, dafür abzufeiern, wie authentisch sie sind, ist so, als wäre man im Zoo jedes Mal neu überrascht, dass Giraffen einen langen Hals haben, und pumpenden Herzens, oder auch gleich pumpender Erektion, zu ihnen hinzugehen und zu sagen:

»Ich find total toll, wie du einfach nur dein Ding machst. Dein langer Hals und so, ich mein, du bist nun mal auch eine Giraffe. Bei dir ist alles noch echt genau so, wie es eben ist. Nimm auf jeden Fall eine EP auf, schreib ein Buch oder nimm so mein ganzes Geld!«

Denn »Sei immer du selbst« steht bei jeder 15-Jährigen unter dem Spiegelselfie und in jedem Spruchkalender, die eigens fürs Schrottwichteln hergestellt werden. Aber warum sollte man so sein, wie man ist, wenn man auch sein kann, wie man möchte? Machen unsere Lügen uns nicht mehr zu dem, was wir sind, als die Wahrheit? Sagt es nicht mehr über mich aus, dass ich nicht erzählen will, wie alt ich bin oder wie ich wirklich heiße, als eine Zahl plus Vor- und Nachname? Denn die Dinge, über die wir meinen, lügen zu müssen, sind uns doch viel wichtiger als all das, was uns so egal ist, dass wir es beim reellen Zustand belassen können.

Klar, wir hassen Lügen wie »alternative Fakten« oder Wahlversprechen, die nicht gehalten werden. Dabei lügen wir uns selbst dabei an. Die Alternative für Deutschland lügt natürlich, dieses Land vor Terrorismus und Kriminalität retten zu können. Erdogan, Trump und Putin lügen technisch gesehen mit jeder Handlung, weil ihnen offensichtlich auch die eigene Bevölkerung am Arsch vorbeigeht. Aber dann kommen wir und lügen, dass wir richtig geil was dagegen unternommen hätten, weil wir mal bei einer AfD-Gegendemo in eine Pfeife geblasen oder in einem Facebook-Kommentar für elf Likes den Dorfnazi zurechtgewiesen haben.

Die Waffen des syrischen Bürgerkrieges werden in Deutschland hergestellt und das ist keine Verschwörungstheorie wie Chemtrails, Flacherdler oder dass Markus Lanz der Teufel ist. Sondern das wissen wir. Und wir wissen auch, dass es ein makabrer Witz ist, dafür »immerhin« die Flüchtlinge aufzunehmen, die es über Mittelmeer und Grenzzäune nach Deutschland schaffen. Aber dann lügen wir wieder, dass man ja überhaupt nichts dagegen unternehmen kann, weil das halt wahnsinnig viel aufwendiger wäre, als sich ein FCK-AfD-Shirt zu bestellen oder zu googlen, ob es wirklich eine Verschwörungstheorie gibt, dass Markus Lanz der fucking Antichrist ist. Es lohnt sich, versprochen.

Wir machen es uns einfach, das Problem sind nicht wir, sondern die ungebildete Unterschicht, die komischerweise nicht einsieht, für jeden Artikel mit Hintergrundinformationen bei den großen Online-Zeitungen irgendwelche Later-Pay-Abos abschließen zu müssen. Denn anstatt »Wahres für Bares« zu spielen, kann man umsonst nach anderen Medien oder Foren forsten, vor denen vielleicht ein zu bezahlender Hintergrundartikel gewarnt hätte, aber ganz bestimmt nicht Google oder Facebook. Welche wir aber natürlich trotzdem noch weiter unterstützen müssen – weil wir ja die Guten sind, die da nach dem »Rechten« sehen müssen.

Und wir müssen auch viel zu lange Texte darüber schreiben, wie schlimm alle sich belügen, obwohl wir selbst kein Stück besser sind.

Also nochmal neu: Ich heiße sehr wohl Jann Wattjes, bin 25 Jahre alt und liebe es nicht, Slamtexte zu schreiben, weil die Leute entweder so stumpf unterhalten werden wollen, wie sie es auch vor dem Fernseher könnten, oder so schlaues Zeug hören wollen, wie ich es nie schreiben könnte. Doch ganz bestimmt nicht, was irgendein 25-Jähriger über die Welt denkt. Dabei ist, was ich denke, einfach, dass wir uns in Acht nehmen sollten. Vor Markus Lanz!

Dieser Text wird gerne als mein persönliches »rostrotkupferbraunbronze« beschrieben, was leider nur Szenekenner verstehen werden. Aber wahrscheinlich muss man schon ein solcher sein, damit einem dieses Buch überhaupt in die Hände fällt.

Ein besonders frecher Zuschauer kritisierte einst, ich wolle es mit diesem Text nur in die Kulttalkshow »Markus Lanz« von Markus Lanz schaffen. Seitdem wechselt die Rolle des Antichristen je nach Laune und Publikum zwischen Robbie Williams, Lassie, Hermann Gröhe, Oprah Winfrey und Jean-Philippe Kindler.

9 von 10 Theologen empfehlen die Theologie*

*und fragen sich, was mit dem 10. falsch ist.

Wir sind Männer, das Coolste, was die Kreation hergibt
Und Frauen sind immerhin noch menschliche Spare Ribs
Deswegen haben Männer ja auch 'ne Rippe weniger als
Frauen
Oder wollt ihr lieber »Wissenschaften« wie Anatomie
vertrauen?
Philosophen lästern: »Gott ist tot.« Schall und Rauch!
Gott lebt. Und Nietzsche auch.
Ewiges Leben, Alter. Frei Saufen im Reich Gottes
Allerdings nicht, wenn du ihn mit Evolution verspottest
Klar, wir sind Schimpansen, die vorher Fische waren und
davor fliegende, transsexuelle Giraffen
Nein. Gott hat uns geschaffen!
Und unsere schöne Erdscheibe ebenfalls
Beweist ruhig die Existenz eures »Urknalls«
Wenn ihr meint, sieben Tage Welterschaffung gehen leise ab
Habt ihr noch nie Bauarbeiten vorm Haus gehabt
Hat eure »Evolution« die ganze Welt

In sieben Tagen aufgebaut gekriegt?

Obwohl es die Zeit überhaupt nur an zwei Tagen davon gibt?

Schimpansen! Diese »Menschen sind Tiere«-Experten werden eh immer doller

Das ist der gleiche Scheiß wie in Sodom und Gomorrha

»Ich kann mit der Ziege machen, was ich will, ich bin doch selbst nur ein Affe«

Für sowas kommt von Gott dann immer die gerechte Strafe

Und ihr tut so, als hättet ihr nie was von Gott mitbekommen?

Wie sonst hat der HSV zweimal die Relegation gewonnen?

Durch Leistung? Pffft

Woher haben wir Licht, Pizza oder das *iPhone*?

Gut, das iPhone war Steve Jobs

Und Sonnenlicht haben wir eher durch thermische Dissoziation von Wasserstoff, die aus einer prästellaren Verdichtung einen Protostern macht, der dann nach und nach an Masse verliert

Und, naja, für die Pizza hat halt irgend so ein Italiener Tomatensauce auf sein Käsebrot geschmiert

Das könnten Gegenargumente für ein kreationistisches Herrschaftsverhältnis Gottes sein

Aber wir haben ja Intelligent Design!

»Wir wissen noch nicht, warum das Universum sich ausdehnt.« GOTT!

»Wie lernten die Schimpansenfische geradeaus gehen?« GOTT!

»Warum sind Gurken gerade, aber Bananen krumm?« GOTT!

»Wie lautet jede Antwort nach dem 20sten ›Warum?‹«
Gott.
Sie sagten: »Jesus kommt nicht wieder
Glaubt nicht, dass eure Theologie noch lange überlebt.«
Aber da haben wir uns echt was Gutes überlegt
Jede Antwort, die logisch den menschlichen Verstand toppt
Nennt die Theologie dann einfach Gott
Noch ein so 'n Treffer und ich sag euch, Leute
Dann füllen wir auch vor Weihnachten
Wieder sakrale Gebäude
Ich hab' gehört, sie können auch Schwerkraft nicht erklären
Wir sollten anfangen, »Intelligent Gravitation« zu lehren!
Und überhaupt
Was lehrt uns deren Wissenschaft denn fürs Leben?
Sollen wir uns mit Bananen-
Und Fäkalienwerfen zufriedengeben?
Unsere Grundsätze sind solide
»Nicht töten, nicht lügen
Nicht jemand anderes Sklaven haben wollen
Und nicht stehlen«
Aber dafür Schweinefleisch essen, saufen
Und Hiob quälen
Vertraut man diesem Auge-um-Auge-
Zahn-um-Zahn–Bums
Dürfen wir sogar unserem Zahnarzt so viele Zähne
ziehen wie er uns
War vor Gericht aber »kein valider Grund«. Ladida
Und am Ende: Apokalypse
Da dürfen wir dann noch erleben
Wie Jesus und der Anti-Christ
Sich dragonballmäßig auf die Fresse geben

Aber nur wenn man nicht eh 'nen Platz im Himmel kriegt
Z. B. weil Schwulsein okay ist
Nur nicht wenn man dabei unten liegt
Das war einmal und ich fand's nicht mal gut
Wenn alle so auf Wissenschaft fliegen
Warum finden die dauernd nur raus
Dass andere Wissenschaftler falschliegen
Unsere Regeln und Erkenntnisse sind immerhin
Seit Jahrhunderten dogmatisch eingepflegt:
Keine Schlagzeilen wie: »Es waren doch fünf.
Zwei-Naturen-Lehre widerlegt!«
Etwas Handfesteres als uns gab es noch nie.
Jetzt wechseln: Denn führende Theologen
Vertrauen seit Jahren der Theologie.

Wie bekommt man einen Poetry Slammer dazu, neue Texte zu schreiben? Man schickt ihn zu einem Themenslam. So geschehen bei mehreren Poetry Slams des Instituts für evangelische Theologie der Universität Paderborn. Ich habe diesen hier als Beispiel auserwählt, weil er mein Verhältnis zu ebenjenem doch sehr speziellen Studienfach bestmöglich beschreibt. Grundsätzlich kann ich nachvollziehen, warum sich gegen die erste Phase der Menschheit, in der sich ein Großteil fundiert als atheistisch bezeichnet, theologischer Widerstand bildet. Schade daran ist, anstatt individuell- oder gesellschaftspsychologisch zu argumentieren, Biologie spielen zu wollen und Intelligent Design als die neue adamske 42 zu zelebrieren.

Ein Stückchen Hölle 3: Public Viewing

Heute ist ein guter Tag: Der kleine José-Miguel Anício Sanchez de Souza da Silva (im weiteren Textverlauf als »Miguel« vermerkt) feiert seinen 9. Geburtstag. Er bekam von seinen Eltern ein noch zum Viertel gefülltes Päckchen Zucker und eine Schraube, mit der er sogar den halben Vormittag spielen konnte, bevor die Kinder, deren Bosstransformation schon abgeschlossen war, ihn bewusstlos steinigten und sie aus seiner Lumpentasche rissen. Mit einer rostigen Rohrzange schneidet er gerade, ein fröhliches Anderthalb-Zähne-Lächeln im Gesicht, die eingewachsenen Fußnägel seiner Großmutter. Die mag er aus seiner Familie am liebsten, denn sie kann ihn nicht oder nur mühselig verprügeln. Die stolze 52-jährige Ortsälteste sitzt nämlich im Rollstuhl, den Miguel und sein kleiner, tuberkulosekranker Bruder Gnorschp Jr. (Künstlername, angehender Fußballer) selbst aus einem räderlosen Fahrrad und gammelnden Gliedmaßen von Polizisten und Bürgermeistern zusammengebaut haben. Es muss der beste Geburtstag sein, den jemals ein Kind hatte! Denn zu dem Glück, dass sein Vater heute im Bergwerk schon wieder nicht umgekommen ist, gesellt sich strahlender Sonnenschein. Nur dass man ihn eben nicht sehen kann.

Miguels Favela liegt im Schatten einer 40.000-Platz Arena zur *Fifa WM 2014* im Wert von mehreren Milliarden Euro. Bevor sich dort am Wochenende Honduras und Ecuador um den dritten Gruppenplatz duellieren, findet hier heute der ewige Klassiker Iran gegen Nigeria statt. Zwei Länder, von denen Miguel noch nie gehört hat, weil seiner Open-Air-Gesamtschule die Fächer Erdkunde und Lesen zu kostspielig waren. Zu schade, dass Miguel dieses Fußballfest verpassen wird. Da der Beutel mit Fußnägeln zu sehr nach einem Sack Cents aussieht, wird er auf dem Weg zum Fluss/Mülleimer von einem Anwalt und einem Schauspieler erstochen.

Heute ist ein fürchterlicher Tag: weil stadtbekannt ist, dass ich Fußballfan bin, und Menschen, die nur bis Poldi und Schweini zählen können, nicht nachvollziehen möchten, dass dieses Interesse ausnahmslos Klubfußball gilt, muss ich meinen zusammengewürfelten Freundeskreis (Wer zur Hölle ist Tobias?) zum Public Viewing begleiten. Wer da war, weiß, dass der Name dieser Events zu Recht vom englischen Wort für Aufbahrung abgeleitet wurde.

Ich lackiere noch in aller Ruhe meine Fußnägel, verwalte auf meinem neuen Smartphone die Tipprunde meiner Minigolf-Mannschaft und lache mir ein bisschen ins Fäustchen, dass einige gedacht haben werden, dieser Text werde jetzt irgendeiner dieser klassischen Weltverbesserungsdurchfälle. Dann geht es auch schon los: ins *Brauhaus*. Wer meint, einen deutscheren Namen hätte man für ein Spiel der Nationalmannschaft nicht arrangieren können, irrt, direkt nebenan erstrahlt das *Deutsche Haus*. Als ich das letzte Mal so viele Deutschlandfahnen sah, fand in der Südstadt die halbjährliche Dienstbesprechung der ansässigen Orts-NPD statt.

»Schlaaand!«, skandiert eine von den geteilten zwei Bieren schon zünftig weggelattete Gruppierung schwarz-rot-gelb-bemalter (man muss nicht Kunst studieren, um zu wissen, dass Goldtöne anders aussehen) und bekleideter Frauen. Obwohl sie auf die Frage, wer Benedikt Höwedes ist, antworten werden »Ääh, der deutsche Papst, ne?«, sind sie wild entschlossen, mit Trillerpfeifen und irrsinnigem Geschrei Abseitstore zu bejubeln und Nahaufnahmen der attraktiveren Nationalspieler zu zelebrieren (Ich fühle deinen Schmerz, Mesut). Auch auf unserer Holzbank genügen Bier und die durch ungooglebare Lyrics nur mitsummbare Nationalhymne, um die Stimmung anzukurbeln: Noch vor Anpfiff bin ich in mehreren Facebookstatus, deren Botschaften in den Dreißigern noch fatal anders wahrgenommen worden wären, verlinkt und auf der Wange durch einen eigens zur Weltmeisterschaft auf dem Tankstellenmarkt etablierten »Deutschland-Marker« versehrt.

Einen vertretbaren Elfmeter und drei Torwartfehler später habe ich mit beidseitigem Tinnitus, die Leute um mich herum mit Heiserkeit und einige Jugendliche, ob der Erstgelegenheit zum Alkoholkonsum, mit Ohnmacht zu kämpfen. Interessieren tut das einen Scheiß: Das tiefgründige Musikstück »Waka Waka« wird mitgegrölt und von den Streichern auf der Hupe begleitet. Es folgen malerische Oden der Komponisten Bob Sinclar und Andreas Bourani, der dafür, dass er nach Eigenaussage so viel »in seinem Kopf« habe, doch sehr schlicht gehaltene Stücke Musik präsentiert. Alles ist toll, denn Deutschland ist Weltmeister. Noch nicht? Oh, okay, das war das erste Gruppenspiel. Aber man hat es gewonnen! Gegen überschätzte Portugiesen. Und wirklich jeder, der dazu nicht etwas auf den sozialen Netzwerken verewigt – sei es ein Torschrei, ein Foto von sich im Aldi-DFB-Dress, wahlweise auch vom Haustier, oder auch eine professionelle, mit fünf Ausrufezeichen unterlegte Analyse, wer denn nun der überragende Mann auf dem Feld war bzw. wer eben nicht – ist kein Patriot. Und zu Zeiten der Weltmeisterschaft ist das ausnahmsweise mal nicht nonfundamentalistisch, sondern was sehr Schlimmes. Überragender Mann? Das war übrigens ganz klar Philipp Lahm. Oder auch Toni Kroos. Wie beide im zentral-variabel exekutierten Mittelfeld Räume verengten, nutzten, über Kurz- wie Diagonal- und Langpässe ihre Mitspieler einsetzten und Bälle antizipierten ... Was? Thomas Müller? Joa, okay, das war schon wirklich starkes Stellungsspiel und selbstbewusstes Auftre... Fifa Man of the Match? 96 Prozent im Abstimmungspoll in Teletexten und Websiten? Okay. Ich meine, ich kann mich ja auch mal vertun ...

Vertan hat sich hoffentlich auch der Autokorso, der noch bis 4 Uhr um mein Viertel geistert. Ihnen allen einen schönen morgigen Arbeitstag. Vor meinem Fenster unterhält sich zu ebenjener Zeit noch ein junges Pärchen. Auf die Frage, was »ein Abseits« sei, kann der seinen Mageninhalt empor entleerende Mann leider nicht reagieren, auf meinen D-Böller glücklicherweise schon. Nein, ich hasse die *Fifa WM* nicht. Wirklich nicht. Ich vermute, ich hasse nur einfach Menschen. Alle. In allen Farben und Formen. Und irgendwann, wenn ich genug Kerosin und ... Oh fett, Spanien gegen Chile!

Als jemand, der eher die *Tagesschau* als einen *kicker*-Bericht verpasst, könnte ich mich nun recht gehaltvoll mit der Ausbeutung und Korruption rund um Fußballorganisationen auseinandersetzen. Oder rührend menschliche Anekdoten am Rande des historischen 1:7, welches ich in einem brasilianischen Restaurant sah, oder den Weltmeistertitel, der nur durch die Trinkrituale im Wohnzimmer meines Großvaters überhaupt zustandekam.

Stattdessen möchte ich die Gelegenheit nutzen, um für meinen Blog zu werben. Ebenjenem entspringt nämlich dieses Werk. Der Blog enthält meine ersten krüppligen Schreibversuche und entstand tatsächlich durch den tragischen Umstand, dass meine Freunde seit meinem Umzug ins ferne Ostwestfalen merkten, dass sie im Alltag weniger lachten. Man muss dazu fairerweise ergänzen, dass ich privat sehr viel witziger bin als beruflich.

Fotzen ficken, bis sie aus allen Öffnungen bluten*

*Dieser Titel basiert auf dem geistlosen und hundertfach ausgelutschten Einstiegsgag, dass ich gerne ausnahmsweise etwas Positives vortrüge und dann »aus Versehen« zu meinem Kinderbuchmanuskript mit ebendiesem Titel gegriffen hätte. Da der eigentliche Text aber keinen Titel hat, halte ich diese Beschriftung im Rahmen des Gesamtwerkes für angemessen und klangvoll.

Die Welt ist schön. Die Welt ist toll
Ich könnte euch alle umarmen
Auch wenn mein Anwalt sagt
Dass ich das nicht mehr soll
Ich möchte raus, ich möchte leben
Nie mehr nehmen, nur noch geben
In der Stadt – schon auf dem Weg
Hab' ich eine wunderschöne Blume erspäht
Eine pummlige, stinkende
Softdrinks trinkende

Oh Metapher, ja genau
Blume steht immer für Frau
Das war in diesem Fall nicht so gescheit
Denn diese Blume ist ganz schön breit
Die ist eher aber ein ganzes Beet
Das viel zu selten ins Fotosynthesestudio geht
Aber es ist ja okay, wenn ich die Blume nicht schön find
Weil Geschmäcker nun mal verschieden sind
Der eine freut sich über einen Rosenstrauß
Der andere schüttet sich Kompost ins Haus
Nach ihrem Geschmack scheint es zu sein
Dreimal am Tag bei *Burger King* gegossen zu werden
Und mit 35 an Stängelverfettung zu sterben
Das mit *Burger King* ist bekannt
Wegen der gleichnamigen Tüte in ihrer Hand
Kein Bodyshaming, ich hab' nichts gegen korpulente Leute
Das waren bestimmt die besten Burger, die sie aß – heute
Mein Gott, das ist doch nicht gesund
Die schiebt sich den Whopper ansatzlos in ... die Blüte?
Und jetzt wischt sie sich den Mund ab
Mit der fettigen Papiertüte
Okay, die Metapher mit der Blume ist Mist
Ich renne weg, damit dieses Monster mich nicht frisst
Auf meiner Flucht komme ich vorbei
An einem Meister der Zauberei!
Der ist wohl nicht im Dienst, hier nur privat
Erkennen tut man ihn nur an seinem Dumbledore-Bart
Als er mir seinen verzauberten Becher entgegenhält,
Hat er sein magisches Rätsel schon gestellt:

»Zum dritten Mal, Junge, ich bin obdachlos. Hast du
Kleingeld oder was zu essen? Ich würd auch einen
Sanifair-Coupon nehmen. Irgendwelche Wichser haben
mich gestern vollgepisst und ich hab sonst keinen
Zugang zu frischem Wasser – ins Obdachlosenheim darf
man als verurteilter Vergewaltiger nicht.«
Ich überlege hin und her
Doch sein magisches Rätsel ist mir zu schwer
Ich frohlocke weiter, mache mir nichts draus
Nur seinen Zaubererduft krieg' ich nie wieder raus.
Aber alles cool, diese Stadt ist der Hammer
Der Typ, der da hinten den kleinen Jungen auszieht
Ist bestimmt bloß dessen Mama
Auch sein besprayter Van muss gar nichts heißen
Vielleicht verkauft er wirklich Süßigkeiten
Ich mache Platz für eine alte Frau
Die einen noch älteren Mann im Rollstuhl schiebt
Er strahlt, als sie ihm ein Eukalyptus-Bonbon gibt
Ist es nicht schön, wenn man sich
Nach so langer Zeit noch liebt?
Sowas bewegt mich und macht dann echt vieles wieder gut
Auch wenn sie ihn gerade
Auf die Gleise zu schieben versucht
Ich will noch rufen: »Der Zug fährt hier stündlich!«
Na, immerhin ist die Bahn heut' mal pünktlich
Ist ja auch für viele wichtig
Ich habe nichts gesehen
Die Einzelteile des Mannes sind bestimmt wohlauf
Ich frohlocke weiter in den Park, im Hopserlauf
Ah, die Natur ist sie nicht toll?
Hier riecht alles nach *Perwoll*

Die Sonne scheint, die Wolken sehen aus wie Schafe
Ein kleine Mädchen fragt:
»Krieg ich 'ne Kippe, wenn ich mit dir schlafe?«
Ich hopse weiter, nichts verstanden
Verlier mich wieder in Gedanken
Und lege mich aufs weite Feld
Bis sich ein Freund zu mir gesellt:
Ein Eichhörnchen! Ein schönes Tier
Es sammelt Nüsse für den Winter hier
Sympathisch, weil's vor Lebensfreude nur so strotzt ...
Und gerade Blut auf meine Hose kotzt
Was ich in dem Schwall Blut so grob erahne
Sind wohl Eichhörnchen-Organe.
Hose auf links tragen
Eichhörnchen ein Grab graben
Weiter durch den Park traben
Heute nichts Nennenswertes gesehen haben
Es wird doch wohl noch möglich sein
Was Schönes zu erleben!
Ich hab mir dieses Mal ehrlich Mühe gegeben
Zog freudestrahlend meine Kreise
Seit wann ist denn die Welt so SCHÖN?!
Die Enten im Teich, hab ich das Gefühl
Spielen sicher einfach gerne mit Müll
An der Ecke verteilen Skinheads Tritte und Hiebe
An ein Asylantenkind – aber aus Liebe!
Ein verseuchter Baum verliert die Rinde
Ihr könnt euch gar nicht vorstellen, wie schön ich ihn finde
Doch mittlerweile ist mir gelinde gesagt
Dieses »Sachen schön finden« zu abgefuckt
Die Welt ist scheiße

Ich bin scheiße
Doch das ist okay
Solang' ich permanent dazu steh'
Denn verloren hat man nur dann im Leben
Wenn man damit aufhört, sich aufzuregen
Ich muss »die Ängste von AfD-Wählern nicht ernstnehmen«
Ich kann die einfach hassen
Und werd' mich nicht dafür schämen
Und ich darf auch sagen »Veganer sind scheiße«
Weil ich die Welt nicht rette, wenn ich in
Agavendicksaftschnittchen beiße
Und natürlich darf man über Fette
– sogar Behinderte – lachen
Weil Inklusion bedeutet, genau das zu machen
Denn wenn ich frage: »Hey Rolli, wie läuft's?«
Ist das besser als:
»Ach, Sie sitzen im Rollstuhl, wär mir jetzt gar nicht
aufgefallen – Die können aber gut Deutsch!«
Und man muss dann auch nicht nach jedem Gag
»Darf er das?« fragen
Weil das in etwa so witzig ist, wie
»Bielefeld gibt es gar nicht« zu sagen
Natürlich kann man auch politisch-korrekt sein
Und nur das Gute auf der Welt sehen
Aber dafür muss man auf LSD sein
Und darf nicht vor die Tür gehen
Aussage einfach erklärt:
Gutes wär' uns ohne Schlechtes viel weniger wert

(Hier endet die Slam-Version und beginnt die Lesebühnenver-
sion, die all den Zorn über Fat Shaming und Privilegien-Ver-
herrlichung, die den Text ausmacht, auf ein gesundes Kunst-
verständnis ausrichtet. Ganz schön abgespaced, wenn ich so
darüber nachdenke!)

Gutes wär' uns ohne Schlechtes viel weniger wert
Klar, mein Blickwinkel ist jetzt auch etwas verklärt
Warum passiert mir in dieser Geschichte
Eigentlich nur Scheiße?
Wenn ich sie doch selbst schreibe?
Aber okay. Das war sie. Meine Suche nach dem Glück
Ich suhl' mich noch kurz im Weltschmerz
Und gehe denselben Weg wieder zurück
Auf der Kreuzung von zwei Wegen
Kommen die Skinheads mir entgegen
Trotz aller Wunden, Blut und Narben
Sieht man das Asylantenkind
Das die verprügelt haben
Hinterhertraben
Doch ein Blick auf ihre Kutten verrät:
»Sadomaso-Verein Elsfleth«
Auch wenn die Vorstellung mir nicht voll behagt
Hier hat die Integration nicht versagt!
Die Enten im Teich haben das Plastik derweil aufgestaut
Und aus dem Müll 'ne Rutsche gebaut
Ökologisch, wenn auch ungewöhnlich
Die Ente mit der Dose überm Kopf ist jetzt ihr König
Monarchie ist bei Enten ja Fortschritt – gefühlt
Zu meinen Füßen wird derweil Erde aufgewühlt
Heraussteigt das blühende Leben

Das Eichhörnchen von gerade eben
Wer hätte gedacht, dass unter all den Tieren
Eichhörnchen ohne Organe funktionieren
Neben dem Zombie eine Zeitung, sie titelt breit:
Comedian Chris Tall erstickt an Halslosigkeit
Als Ausgleich für die 2016 Dahingerissenen
Sterben dieses Jahr vielleicht dann die Beschissenen
Während Rückenwind mich zurück durch den Park schiebt
Schaue ich, was die Zeitung sonst so hergibt
»Neueste Untersuchungen ergeben:
Agavendicksaftschnittchen retten doch Leben!
Sorry, Veganer. Bei dem Fraß wird mir zwar schlecht
Aber insgesamt habt ihr wohl recht
Eventuell ist die Welt ja besser als gedacht
Doch da hat der Wind mich just zum Unfallort gebracht
Die Überreste hat man wohl schnell beseitigt
Denn der Zugverkehr läuft ganz geschmeidig
Auf Nachfrage wird klar: Es war ein Wunder!
Der alte Mann ist jetzt ein kerngesunder
Durch das fürchterliche Zugunglück
Erlangte er seine Gehfähigkeit zurück
Wie hoch ist denn bitte die Wahrscheinlichkeit
Dass beim Aufprall genau der Rückenwirbel ... *hier musst
du später noch was improvisieren, Jann, damit die Leute
nicht merken, dass du einen Scheiß über Medizin weißt.*
Derweil springt auch der Junge aus dem Van heraus
Er sieht vollgefressen und unvergewaltigt aus
Auch um sein Shirt ist's gar nicht schade
Er hat ein neues – ganz aus Schokolade!
Auch das kleine Mädchen aus dem Park treffe ich wieder
Sie legt gerade einen Kippenstummel nieder

Auch sie hat also ihren Willen gekriegt
Und so bedankt sie sich
Bei einem verschwitzten, alten Mann ...
Okay, hier ist gerade einfach alles so cool
Dass ich das Thema Kindesprostitution
Den seriösen Slammern lassen kann
Gern hätt' ich 'ne Pokéflöte dabei
Denn die »Blume« versperrt mir den Weg heim
»Nicht erschrecken«, signalisiert sie mit den Pranken
»Ich wollt' mich nur mal für vorhin bedanken
Die meisten hätten gelacht
Oder Dickenwitze gemacht
Aber du nicht – deshalb hast du einen Wunsch frei!«
Denn sie hat den Zauberer dabei
Sie hatt' sein Rätsel flink gelöst, denn sie ist schlau
Und überlässt den Wunsch doch mir – was für eine Frau
Wer hätte gedacht
Dass mein Verdacht
Mit der Realität so wenig übereinstimmt?
Ich will mir gerade für sie wünschen, dass sie abnimmt
Bis mir klar wird
Es wär schöner, wenn man sie einfach akzeptiert
Eigentlich ist ganz angenehm
Politisch-korrekt miteinander umzugehen
Und das Gute auf der Welt zu sehen
Man darf bei Übergewicht ja auch nie vergessen
Wie geil es ist, Calzone mit Majo zu essen
Und wenn ich die Ängste von AfD-Wählern nicht ernstnehme
Wer kümmert sich dann überhaupt um deren Probleme?
Vielleicht echt nur die Alternative für Deutschland
Denn aus deren Sicht sammelt man sonst im Alter Pfand

Die kommen nicht zurück zu den anderen Parteien
Wenn wir dauernd schreien
Wie scheiße sie seien
Im Text vorhin war das natürlich schlüssig
Da war die Welt scheiße und außer abfinden nützt nichts
Das ist nämlich das Geile an Fiktion
Egal, was man sagen will, in irgendeiner Situation
Passt das schon
Da ist dann je nach Ton
Das Leben dystopisch oder am Ende doch die Mühe wert
Weil man als Künstler bewusst Diskurse verklärt
Und total undifferenziert
Die eigene Position kodiert
Bevor ihr das nächste Statement in euren Status kopiert
Denkt dran: Wenn ihr schon nicht wisst
Ob die Welt wunderschön oder nicht mehr zu retten ist
Hat jemand
Nur weil er sich mit 'ner Antwort auf 'ne Bühne stellt
Nicht zwingend mehr Ahnung von der Welt
Denn ich hab' schon so oft nur den kurzen Text gemacht
Und das Publikum so oft für »Gutes wär' uns ohne
Schlechtes viel weniger wert« geklatscht
Doch das ist – mal unter uns – totaler Quatsch

Ein Stückchen Hölle 4: Weihnachtsmärkte

Zwei Jungen peitschen einen weiteren im Schnee liegenden mit ihren *Haribo*-Lassos in den Tod. Ihr Vater zahlt gerade für seinen gesamten Monatslohn die nächste Runde aus weißem, rotem und bezuschusstem Glühwein, Glühpunsch, Glühbier, Glühalster, Glühhugo, Glühethanol, Glüh-*Capri-Sonne* und Fahrerkakao. Ein kleines Mädchen erbricht ihren *Schogetten*-Crêpe aus dem Feuerwehrwagen des Kinderkarussells. Was nach Josef Mengeles Musical Adaption von *Charly und die Schokoladenfabrik* klingt, ist eine noch viel kränkere Perversion der Feiertagsmaschinerie: ein Weihnachtsmarkt.

Ich möchte eine These aufstellen: Wenn alles, was mit der Intention, Spaß zu machen, erfunden wurde, auch Spaß machen würde, gäbe es keine Armut, Kriege oder Faschismus. Solange Ausfälle wie Weihnachtsmärkte, Holi-Festivals und Spieleabende bestehen, wird unsere Gesellschaft niemals gesunden. Der Weihnachtsmarkt ist dafür tatsächlich sogar das beste Beispiel.

1678 brachte der ungarische Seefahrer Balázs Wyhnáht den Brauch von den Azoren nach Mitteleuropa. Die damaligen Wyhnáhtsmärkte ähnelten den heutigen Weihnachtsmärkten allerdings weniger als den seinerzeit ohnehin beliebten Pogromen gegen Biber. Biber lebten bis Mitte des 18. Jahrhunderts noch in Symbiose mit dem Menschen und wurden erst durch die Wyhnáhtsmärkte final in Seen und Sümpfe zurückverbannt, wo sie bis heute kaltblütige Rachefeldzüge planen. Noch heute erinnern Holzoptik, Glühwein (die meisten Biber wurden in kochenden Alkoholbädern verätzt) und kandierte Äpfel (um sich ihres Ablebens zu versichern, stanzte man den Bibern mit Speeren die Augäpfel aus) an den Triumph der Menschen.

Diese historisch wertvolle und mahnend stolze Dimension des Weihnachtsmarktes möchte ich nicht aberkennen, bin aber der Meinung, dass unsere tapferen Ahnen über heutige Weihnachtsmärkte beschämt den Kopf schüttelten: Menschen, die ihre Freizeit an einen Lebensgefährten verloren haben, trinken sich Pärchenabende schön. Der scheiß Abteilungsleiter hält es für eine gelungene Teambuilding-Maßnahme, wenn mal alle Kollegen schön um ein paar Tassen Glühwein frieren. Alle Aufklärungsversuche im Biologieunterricht sind erfolglos an einem abgeprallt und jetzt verlangt das Ergebnis dessen quengelnd nach Zucker in allen Farben und geometrischen Formen.

Es gibt viele Gründe, auf einem Weihnachtsmarkt zu landen, erfreulich ist keiner. Und wäre das alles nicht schon romantisch genug, machen sich sämtliche Buden auch noch die Mühe, die Kirmespreise zu überbieten. Das Flammlachsbrötchen kostet mit süßem Senf (bäh?) satte 11 €, das Pizza-Achtel mit auf der Pappe klebendem Belag immerhin 4 € und bei den gebratenen Nudeln ist zum Glück inzwischen Ratenzahlung möglich. Günstig sind eigentlich nur die Tassen für 1,50 das Stück.

Meistens gibt es genau eine gute Glühweinbude, aber es gibt IMMER ein verfloddertes Gruppenmitglied, das es für eine wahnsinnig coole Idee hält, alle Buden auszuprobieren.

Jeden Glühwein, den die anderen benötigen, um »lustig« zu werden, muss ich als 50/50-Rum-Mixtur trinken, um die anderen »lustig« finden zu können. Aber so ignoriere ich wenigstens auch gleich die direkte Arterienverfettung der dritten frittierten Calzone.

Alle sind schon komplett aus dem Leben gekegelt, als plötzlich die Glühweinbude schließt, weil schon 8 Uhr ist und nun mal auch eine Großstadt noch ein Dorf sein kann. Ab da klafft ein Filmriss ...

Okay, ehrlich gesagt erinnere ich mich ab da an den Plot von *Muppets aus dem All*. Dass das so passiert ist, scheint mir allerdings unwahrscheinlich. Das Ergebnis ist nämlich schlimmer: Ich habe das Gefühl, mich am Montag noch auf der Arbeit blicken lassen zu können, mein Kontostand ist niedriger als mein BMI und beim Erbrechen erkenne ich Crêpes der Geschmacksrichtungen *Snickers*, Schokokuss, Toast, *Ahoi-Brause*, *Yogurette*, Pferd, Magnetismus und Gyros. Aber alles halb so wild. Noch besteht ja schließlich die Möglichkeit, dass ich nicht mit dem nackten Transvestiten geschlafen habe, der mir gerade Frühstück ans Bett bringt ...

Kein Scherz: Mir ist erst beim Rechtschreibfehlercheck dieses Textes aufgefallen, dass alle »Ein Stückchen Hölle«-Auskopplungen vorrangig Alkoholkonsum kritisieren. Vielleicht sind gar nicht wirklich meine Mitmenschen das Problem. Sondern Alkohol?! Ich werde das innerhalb der nächsten 25 Jahre testen und auch darüber eine Sammlung verfassen. Meine Prognose: Nein.

Du studierst also Philosophie?

Dann möchte ich mich stellvertretend für alle tatsächlichen Wissenschaften herzlich bei dir bedanken. Für Fragen wie »Wenn im Wald ein Baum umfällt und niemand hört es, macht er dann ein Geräusch?« JA, NATÜRLICH MACHT ER DAS. Aber nee, kann natürlich schon sein, dass die Natur sich sagt, dass sie sich lieber die Kraft spart, das Schicksal des entwurzelnden Baumes um ein Geräusch zu erweitern, wenn nicht sowieso gerade ein Ingwertee trinkender Philosophiestudent seinen läuternden Waldspaziergang macht. Ist das die Weise, auf die ihr versucht, eure »Wissenschaft« am Leben zu erhalten? Möglichst unbeantwortbare Fragen oder unprüfbare Thesen in den Raum stellen?

»Sorry, Friedrich, wir müssen deinen Lehrstuhl leider auflösen. Was du hier produzierst, bringt niemanden weiter außer ein paar faschistischen Gruppierungen, die das in der Zukunft missverstehen könnten.«

»Oh. Ja. Okay. Aaaaaber: Habt ihr schon gehört, dass Gott tot ist?«

Danke, Friedrich. Gott ist also tot. Wir ziehen uns raus aus dem interwissenschaftlichen Grabenkrieg, ob über der

Komplexität von Evolution, Urknall, Unendlichkeit eine übernatürliche Kraft steht, und sagen, die ist halt einfach tot. Und wenn das niemand gehört hat, hat sie dabei womöglich nicht mal ein Geräusch gemacht.

Wenn Philosophie wirklich so breit gefächert ist, dass sie einfach für sich beansprucht, die Wissenschaft der menschlichen Existenz und Deutung der Welt zu sein, warum kann sie sich dann nicht wenigstens der Fragen annehmen, für die die anderen sich zu schade sind:

Wie zum Beispiel, welche Lehne im Kino mir und welche meinem Nachbarn gehört?

Warum riecht Urin immer nach *Kellogg's Smacks*, selbst wenn man gar keine gegessen hat?

Warum gehen Krokodile so ... »flamboyant«?

Wissen Haustiere, was man macht, wenn man gerade masturbiert?

Und wann ist überhaupt das richtige Alter, um meinen Hund aufzuklären?

Kann man auch Drogen ausprobieren, ohne einen VICE-Artikel darüber schreiben zu müssen?

Warum versuchen Feministinnen, die Periode zu enttabuisieren, aber nicht die Masturbation, während Haustiere im Raum sind?

Wie soll ein Mensch Philipp Poisel ertragen?

Wieso ist das deutsche »einen Fick geben« das genaue Gegenteil vom englischen »giving a fuck«?

Was machen Enten, wenn der Teich zufriert?

Vermutlich fliegen sie einfach weg. Können Enten fliegen? Ich glaube, das ist etwas, das normale Menschen wissen. Aber gut, ich könnte ja einfach einen Ornithologen fragen. Platon hingegen würde mir vielleicht gerade noch erzählen können, was die Enten für ihre Realität halten, wenn man sie jeden Winter in eine Höhle mit Blick zur Wand kettet, an der sie nur Schatten sehen. Und ja, natürlich ist es unethisch, Enten in Höhlen gefangen zu halten. Wir sind doch nicht die Panzerknacker.

So komplex ist nämlich auch Ethik nicht. Ob ich einen dicken Mann auf die Gleise schubsen würde, um fünf andere Menschen vor dem kommenden Zug zu retten? Nein. Denn wenn ich wie Kant nur nach derjenigen Maxime handle, durch die ich zugleich wollen kann, dass sie ein allgemeines Gesetz werde, dann lungere ich ganz bestimmt nicht auf befahrenen Bahnschienen rum!

Aber vielleicht ist es ja auch gar keine »Wahrheit«, dass man stirbt, wenn man von einem Zug überfahren wird. So wie Türklinken. Heidegger hat nämlich glücklicherweise bewiesen, dass Türklinken gar nicht Teil unserer rationalen Wahrnehmung sind. Erst wenn sie nicht funktionieren, nehmen wir Türklinken als solche überhaupt wahr. Eine Disziplin, in der immer wieder über die Wahrnehmung von Gerechtigkeit diskutiert wird, belohnte also diesen Mann dafür mit einem Berg an Staatsgeldern, von denen er schön mit seinem Studierendenpulk Weinschorle trinken durfte. Der Mann, der währenddessen Heideggers Türklinke repariert hat, wird seine Familie vom Mindestlohn ernährt haben dürfen. Aber das ist natürlich bewusst verklärt. Türklinken reparieren kann schließlich theoretisch jeder; umkippen, ohne eine Geräusch von sich zu geben, das können nur Philosophen. Deswegen ist der wahre Skandal natürlich, dass Vollzeitphilosoph nicht längst ein Beruf ist, von dem jeder, der es studiert hat, leben kann und nicht letztendlich seine abgefahrenen, unwiderleglichen, weil unübertragbaren Erkenntnisse nur auf Poetry Slams präsentieren kann.

Um es mit einem tatsächlichen Wissenschaftler auszudrücken: Philosophie ist so etwas wie Schrödingers Wissenschaft. Solange die Philosophie nur mit Gedankenexperimenten und Gleichnissen um sich wirft, die man überhaupt nicht beantworten kann oder soll, werden wir sie leider nie als die Pseudowissenschaft entwerten können, die sie ist.

Der Mann an der *Burger-King*-Kasse muss weinen. Eigentlich wollte er meine viertelstündige Überlegung, ob ich Ketchup oder Majo zu meinen Fritten möchte, nur auflockern, als er sagte, ihm seien in seinem Philosophiestudium aber schon wesentlich kniffligere Fragen untergekommen.

Eventuell habe ich überreagiert. Ich greife in die Papiertüte und reiche ihm die fettige Serviette von den Pommes. Er schnäuzt sich.

»Danke«, flüstert er und gibt mir schließlich ein Ketchup- und ein Majo-Päckchen, wie von vornherein meine utilitaristische Intention war.

»Gerne«, sage ich, »wenn du einem auf die rechte Wange schlägst, so halte ihm auch wenigstens eine fettige Serviette hin. So hab' ich's in meinem Theologiestudium gelernt.«

Es erfüllt mich ein bisschen mit Stolz, dass diese Geschichte tatsächlich fast so passiert ist. Ich habe mal mit einem *Burger-King-Mitarbeiter* so lange über sein Philosophiestudium diskutiert, dass mein *Crispy-Chicken*-Menü kalt wurde. Falls diese Person tatsächlich dieses Buch erworben und sich wiedererkannt haben sollte: Lern was Richtiges, Alter.

Lauchentscheidungen

Wir treffen jeden Tag Entscheidungen. Um 9 Uhr aufstehen? Oder doch erst um 12? Oder gar nicht? Zähne putzen, ja oder nein? Oder nur mal mit Wasser durchspülen? Denn mein Großvater pflegte immer zu sagen: »Zahnpflege ist wie Sintflut. Was du mit Wasser nicht wegbekommst, darf bleiben.«

Frühstücken, ja oder nein? Und wenn ja, was? Mensa? Mongolenbuffet? Zwei übereinander gelegte Tiefkühlpizzen? Mit Scheiblettenkäse überbackene Prinzenrolle? Den rohen Teig von Knack- und Backbrötchen? Mini-Würstchen wie *Cornflakes* in einer Schüssel Milch? Die Möglichkeiten sind unbegrenzt.

Und dazu? Kaffee oder Tee? Eine Entscheidung, so essentiell, dass der SWR ihr eine Nachmittagssendung gewidmet hat. Eine Entscheidung, die aber offensichtlich so unlösbar philosophisch ist, dass die Produzenten – die sich im Übrigen schon früh statt Kaffee oder Tee für Kokain entschieden haben – lieber die Lebenswelt schwäbischer Rentnerinnen durchleuchten. Soll ich trotzdem noch eine ganze Folge davon gucken? Oder lieber *Shrek 2* mit dreifacher Geschwindigkeit und bosnischen Untertiteln? Heute Abend richtig derbe feiern gehen – oder zum Poetry Slam? Wen soll ich wählen? Und falls CDU, welche Sexualität soll ich mir aussuchen? Was zieh ich heute an? Anzug? Oder das Shirt, das es gratis zum 500. Dönerteller dazugab?

Einige Menschen sind der Meinung, all diese Entscheidungen seien vorherbestimmt. Dass alles Handeln von einer unsichtbaren Kraft gelenkt wird und lange vorher feststeht.

Es ist 15:14 Uhr, als ich mir sicher bin, dass mich keine unsichtbare Kraft mehr aus dem Bett jagen würde und ich mich beeilen müsste, würde ich heute noch grundlegende Erkenntnisse über das Leben erlangen wollen. Die unsichtbare Kraft hatte darüber hinaus vergessen, einkaufen zu gehen. Im Kühlschrank tummelten sich nur noch die schlechte Hälfte der *Celebrations*-Packung und ein schon geöffneter, aber noch nicht angefangener Joghurt. Ich erinnere mich, dass ich damals entschied, ihn doch nicht zu essen. Wie viel wahrscheinlicher ist es, dass eine übergeordnete Entität mich davon abbringt, einen Joghurt zu essen, als dass jemand ernsthaft seinen Joghurt aus freien Stücken öffnet, aber dann nicht anrührt? Ich komme zu keiner Entscheidung und entscheide daher, hungrig aus dem Haus zu gehen.

Ich möchte nicht laufen, sondern entscheide mich, den Bus zur Bibliothek zu nehmen. Diese Entscheidung lässt sich leider nicht philosophisch verpacken. Weil ich ein scheißfaules Kastanienmännchen mit dickem Bauch und verkümmerten Beinchen bin. Welches nach jedem Meter Bewegung den wöchentlichen Flüssigkeitsbedarf einer Kleinfamilie ausschwitzt.

Wohl auch deshalb entscheidet sich erst an der vorletzten Haltestelle jemand, sich zu mir zu setzen: ein schielender 14-Jähriger mit T-Shirt von der letzten Atze-Schröder-Tour und einer Kopfform, als hätte man bei ihm ein paar Evolutionsstufen vergessen. Es ist der klassische Außenseiter, der in der letzten Reihe an einem Einzelplatz sitzt und Fliegen isst. Welche Entscheidungen haben ihn hierher gebracht? Haben externe Entscheidungen ihn zu dem gemacht, was er ist? Haben seine Eltern sich für einen dämlichen Namen für ihn entschieden? Wie Friedemann. Oder Blasius. Blasius. Wer hat entschieden, dass das überhaupt ein Name sein darf? Rigobert. August. Oder Arnulf. Die Signatur auf seinem Shirt verrät ihn als »Basti«. Schade. Er sah mehr nach einem Friedemann aus. Aber ich sehe angeblich auch eher aus wie ein Pascal. Und ich bin ja gar nicht Pascal.

Vielleicht haben seine Eltern auch entschieden, ihn nie zum Augenarzt zu schicken. Oder schon die Entscheidung der Eltern füreinander war das Problem. Was, wenn beide die klassischen Schalke-Fans waren und schon vor der Hochzeit denselben Nachnamen hatten?

Was, wenn alles, was wir tun, sagen, denken, unser Aussehen, unsere Ausstrahlung, was mit einem Joghurt passiert, wenn wir ihn öffnen, sowie Vornamen allesamt vorherbestimmt sind und niemals abwendbar waren?!

In dem Moment, in dem ich Mitleid mit dem Jungen entwickle, lässt er mit höchstmöglicher Intensität einen fahren. Ich entscheide mich, es zu ignorieren; muss aber laut lachen und dann würgen, weil man das nicht kontrollieren kann. Er hätte aber schließlich auch entscheiden können, seine inneren Winde für sich zu behalten. Vielleicht hatte er gedacht, es handele sich um einen lautlosen

Schleichfurz. Doch auch die verschiedenen Varianten Furz, die unseren Körper durchwandern, kann man sich nicht aussuchen. Die Situation ist für den gesamten Bus mit einem Mal so angenehm wie unter der Vorhaut verfangene Schamhaare. Wenn das ALLES kein Zufall ist, was ist das dann für ein Monster, das sich das alles ausgedacht hat?

Ich. Ich bin das. Ich bin nie wirklich aus meinem Bett aufgestanden – ich bin Student. Ich habe mich dazu entschieden, mir das alles auszudenken. Es ist der größte Plottwist seit Bruce Willis in *The Sixth Sense* selber tot war und Jon Snow in *Game of Thrones* doch nicht. Ach ja, Spoiler-Alarm. Wie damals, als Edward Norton und Brad Bitt ein und dieselbe Person waren oder die *Spongebob*-Folge, in der Blubberbernd die Gürkchen unter seiner Zunge versteckt hatte.

NICHTS ist vorherbestimmt. Wenn es wirklich eine höhere Macht geben sollte, die sich mich ausgedacht hat, dann hat sie zumindest keine besonders konstruktiven Absichten.

Deswegen werde ich jetzt aufhören, Lauchiges in meine Tastatur zu klimpern und mir einen Joghurt aufmachen. Und sofern Sie sich dazu entscheiden, dieses Buch zu Ende zu lesen, verrate ich Ihnen vielleicht auch, was mit dem Joghurt passiert ist.

Von einem Altmeister der Bühnenliteratur erhielt ich einst den Titel »M. Night ShyamaJann«. Der 90er-Jahre-Mainstream oder heutige Nerd wird wissen, dass dies eine Affinität für »Twists« impliziert. Ich glaube allerdings, ich bin danach schon eher ein bisschen süchtig. Je unberechenbarer oder lächerlicher Texte auseinanderfallen, desto besser. Lesen Sie am besten jetzt alle Texte nochmal und markieren die Twists, damit es für ihren *eBay*-Kunden nicht mehr ganz so geil ist.

Jobben, weil das mit dem Studium nichts mehr wird

Wer auch immer diese Gerüchte vom lässigen Studentenleben streut, muss dringend damit aufhören. Haben Sie schon mal eine Bachelorarbeit schreiben müssen? 30 Seiten Wiedergekautes zu einem Thema, das Sie in etwa so sehr interessiert wie die Vorwörter zu einzelnen Oberkapiteln in Textsammlungen.

Im Lehramtsstudium wird einem schnell klar, dass man anstelle von wissenssatten Teenagern entweder überhaupt niemanden bespaßen will oder die ganze Welt. Deshalb zog es mich schnell zu kleinen unlukrativen Tätigkeiten bei sterbenden Medien wie Print, Radio, Fernsehen und offensichtlich auch irgendwie versehentlich zum Poetry Slam. Sollte in 25 Jahren wieder eine Textsammlung wie diese erscheinen, dann beten Sie bitte kurz mit, dass das erste Oberkapitel darin nicht wieder diesen Titel trägt, sondern »Berufseinstieg«, »Bestsellerautor« oder »Meine erste Rubellosmillion«.

WIR SIND ALLE VERDAMMT ZU EINEM BEDEUTUNGSLOSEN DAHINVEGETIEREN ZWISCHEN VERZWEIFLUNG UND SCHMERZ, trinkt mehr *fritz-kola**

*Die sponsern mich nicht. Ich versuche nur, sie dazu zu bringen.

Sie können das nicht wissen, aber ich bin berühmt. So richtig berühmt. So berühmt, dass es peinlich ist, dass Sie schon den 29. Text lesen, aber immer noch nicht sicher wissen, wie man mich schreibt.

Dabei wollt ich das nie. Ich bin wie jeder andere auch. Ich wache morgens um 14 Uhr auf. Aus meinem immer wiederkehrenden Traum: Die Welt wird von lahmacunartigen Aliens angegriffen, die fordern, dass man ihnen entweder das Geheimnis der *Cini Minis* verrate oder sie eine Nation nach Wahl auslöschten. Die Erdenbewohner entscheiden sich schnell und einstimmig für Venezuela und der Traum ist vorbei. Dann google ich mich. Dann schmeiße ich meine Schmutzwäsche aus dem Fenster in die jubelnde Masse. Dann frühstücke ich die neue *fritz-kola Kaffee*! Die Limonade mit dem Besten aus Kola, Kaffee und vielviel Koffein! Dann gewinn ich einen Poetry Slam. Mal wieder. Dann schreiben die Lokalzeitungen, dass ich wahrscheinlich Gott bin. Dann glauben das so vier bis fünf. Die gründen dann eine Facebookgruppe und nach zwei Wochen bin ich in jeder Stadt Ehrenbürger. In jeder Stadt steht ein übergroßes Denkmal von einem meiner Körperteile – Nierefeld hat es noch wesentlich besser getroffen als Afterborn. MC Hammer schreibt »Can't touch this« in »Jann Wattjes« um, was in jedem Land Nationalhymne wird. Mein Lächeln löst das grüne Ampelmännchen ab. Alle werden so süchtig nach meinem Lächeln, dass von da an alle Ampeln immer grün sind. Aber niemand ärgert sich darüber, weil ich da schon lange Schutzpatron der Verkehrstoten geworden bin.

Überhaupt sind alle permanent glücklich, weil ich erwirkt habe, dass man nur noch *fritz-kola*-Produkte trinken darf. Nicht abwechslungsreich?! Hahahahahahahahahahahahahahaha (ich empfehle, diese Stelle live zu erleben)! *fritz-limo* gibt es in den Geschmacksrichtungen Melone, Zitrone, Orange, Apfel, Kirsch, Holunder! Es gibt Spezi, Mate, Schorlen. Verglichen mit dem einzigartigen Geschmack von *fritz-kola*-Produkten schmeckt alles andere wie Speichel. Von mir persönlich eingesprochene … was auch immer das Gegenteil von Propaganda ist, die den ganzen Tag auf allen Fernsehsendern läuft! Tägliche Preisverleihungen über das mir ähnlichste Auftreten, die mir ähnlichste Augenbrauendichte, die mir ähnlichste Stuhlgangsfrequenz.

Bis ich irgendwann von irgendwem ermordet werde, der dann meinen Platz einnimmt. Während meine lebenswichtigen Körperfunktionen langsam dem Geschmack der von ihm eingeflößten *Pepsi* erliegen, fragt er: »War es ein erfülltes Leben?«

Hm.

Irgendwie …

Nicht!

Ich hab' Krebs besiegt

Verhinderte den Atomkrieg

Ich hab' die Hungernden gespeist

Dabei alle Orte der Welt bereist

Ich wiedervereinte Pangea

Verdammte die Nazis ins Meer

Die paarten sich dort mit den Delfinen

Und wurden zu mächtigen Mensch-Tier-Hybriden

Sie führten erbarmungslose Kriege am Groß-Barrier-Riff

Doch selbst das Problem bekam ich wieder in den Griff!

Ich hatte Träume und hab' sie verwirklicht

War immer gesund bis weit über Vierzig

Ich hab das Ozonloch geflickt

Hab Scarlett Johansson ge…

…sagt, dass *Lost in Translation* total überwertet ist

Ich hab' alles erreicht

Und doch nicht das Gefühl, dass das reicht.

Und dabei stimmte das nicht mal alles. Ihr Dummies. Maximal die Hälfte. Alles andere konnte ich mir letzte Nacht ausdenken. Denn der unerreichte Koffeingehalt von *fritz-kola* hält dich frisch und wach!

Wir leben ein endliches Leben in einem unendlichen Universum. Wir sind scheißegal. Wir werden alle sterben und dann interessiert einen auch nicht mehr, ob einem irgendwo Denkmäler gebaut wurden oder die entfremdeten Freunde zur Beerdigung kommen. Klar, Liebe ist ganz nett. Man ist nicht alleine, wird mit Hormonen vollgepumpt, die einen so ekelerregend glücklich machen, dass man selbst beim Pissen tanzen möchte. Und beim Aufwischen dann noch mal.

Geschlechtsverkehr soll auch okay sein. Dabei entstehen dann auch nette Abfallprodukte, die man ebenfalls lieben kann (muss). Probieren Sie es doch einfach mal aus! Falls Sie sich mit ihrem Körper dafür zu unwohl fühlen: Die *fritz-kola zuckerfrei* verbrennt mehr Kalorien, als sie aufträgt. 100 % *fritz-kola*, minus 300 % Zucker!

Sofern Sie allerdings schon einmal mit dem Geschlechtsakt fertig waren, werden Sie wissen, dass das ein ziemlich verstörender Sinn des Lebens wäre. Vollgeschwitzt und müde und klebrig und »War das okaaaay? Warum fängst du jetzt an zu lachen? Und zu weinen?« und »Wollen wir nicht noch kuscheln?« und »Bist du bescheuert? Wir hängen hier in der Rutsche von *McDonald's*«. Dann kippen die Hormone wieder, man fängt an sich zu prügeln, versucht, dem anderen in den Mund zu niesen, kann aber auch nicht wieder runterfahren, weil's bei *McDonald's* nur *CocaCola* gibt und keine *fritz-kola*, dein Lifestyle, dein Geschmack, dein Wachmacher, du Lauch!

Ist alles egal. Klimawandel, Nordkorea, Überbevölkerung, die verschissene Sonne, die verglüht, Superaids. Wir haben ein Verfallsdatum – die gesamte Menschheit. Nichts, was wir tun, hat irgendeinen Wert. Es darf überhaupt keinen Gott geben, der uns dieses Bewusstsein angetan hat! Die gerechten Menschen bekommen dann auch kein gerechtes Leben nach dem Tod, weil das an sich systematisch ungerecht wäre. Woher wollen Sie wissen, dass das hier nicht schon das Leben nach dem Tod ist? Und zwar die Hölle! In der nichts von Bedeutung ist, wir alle sinnlos versuchen, schnell vor dem Tod noch einen Sinn zu finden, aber dazu verdammt sind, zu versagen. Wie können Sie sich das einfach auf Ihrem beplüschten Toilettensitz durchlesen?! Das ist kein Slamtext mehr, das ist mein Ernst!

Die quietschgrüne Melonenlimonade von *fritz* sucht vergeblich ihresgleichen. Sie überzeugt Genießer mit 5 % Saft und natürlichen Aromen aus der Honigmelone.

Klingt unglaublich, aber es gibt sie. Im Gegensatz zu einem Sinn des Lebens. Was ehrlich gesagt großartig ist. Es gibt keinen Sinn des Lebens! Wir können mit unserem Leben machen, was wir wollen! Alles, worauf wir Bock haben, kann der Sinn des Lebens sein. Kinder zeugen und großziehen. Ein ganzes *Panini*-Sammelalbum ausnahmslos mit Bildern von Heiko Westermann vollmachen. Sexismus beenden. Einen riesigen Turm aus eigenem Ohrenschmalz errichten. Weltfrieden. Das Geheimnis der *Cini Minis* ergründen. Eine Partei rechtspopulistisch unterwandern, sie in den Bundestag hieven und dann austreten, weil das plötzlich alles Nazis sind. Okay, nein, das vielleicht lieber nicht.

Aber tun Sie, was für Sie selbst Sinn ergibt. Und wenn es nur Werbung für *fritz-kola* ist. Denn die *fritz-spritz biotraubensaftschorle* aus 50 % Traubendirektsaft und 50 % natürlichem Mineralwasser verzichtet auf jeglichen Schnickschnack und traubt dir den Verstand.

Ihnen gehört ein milliardenschwerer Konzern und sie fanden den Text großartig bis durchschnittlich? Für eine Sofortrente von 5.000 € bin ich bereit, den Text auf Ihr Produkt umzuschreiben und nie wieder etwas Anderes zu performen. Meine Telefonnummer ist die 4.

Ein Slam-Gedicht und wie das geht

Wie schreibt man schnell und günstig ein Gedicht?
Ich weiß das offensichtlich nicht
Denn Ideen füllen das hier weniger
Als der Eintrag zu »Dichtung« bei Wikipedia
»Zumeist findet ein Metrum Verwendung.«
Aber das merkt eh keiner und ist totale Verschwendung
Völlig egal, ob Jambus, Trochäus, Daktylus oder Anapäst
Weil Betonung bei Slammern sowieso immer scheiße ist
Reimen. Immerhin das ist simpel
Solange der Inhalt noch Sinn hat – Wimpel
Man muss dann aber den ganzen Text beim Reimen
bleiben
Muss man überhaupt nicht. Bullshit.
Man will ja schließlich nicht übertreiben
Ach, das war ein Kreuzreim, Plottwist!
Muss man alle draufhaben:
Umarmender, Paarreim, Schweifreim
Nur leider kann man nicht »Reim« auf »Reim« reim'
Das haben 'ne Menge Dichter nie überwunden
Und einfach die Epipher erfunden
Da sind dann – Sie sehen es gleich

Einfach die Versenden … gleich.
Stilmittel. Wir haben sie alle gehasst
Außer Malte aus der ersten Reihe. Dieser Vollgymnasiast
Oh, eine Elipse: Applaus, ich das Verb weggelassen
Hören Sie genau auf die Betonung
Damit Sie die Ironie nicht verpassen
Wäre es sehr dumm
Jetzt noch 'ne rhetorische Frage anzuschließen?
Wie: Können die Amerikaner nicht mal
Die beschissenen Präsidenten erschießen?
Denn Tagesgeschehen geht als Thema immer
– war natürlich nur 'ne Metapher
Denn Tagesgeschehen geht als Thema immer
– nur noch mal für die Anapher
Alliterationen artikulieren aber
Artet anscheinend andauernd aus
Versteh ich gar nicht – also das lyrische Ich
Nicht der schwule Typ mit der blassen Haut
Ich persönlich glaub', man versteht das Schema
Fehlt fürs Gedicht nur noch ein Thema
Und Themen bei Slams sind so einfallsreich nicht
Sex, Flüchtlinge, … Sex mit Flüchtlingen
Aber meistens schreibt man über sich
Nur ich könnte das nicht, ich bin uninteressant
Ich bin halt nur ein Verbrechen lösender Millionär
Und mit irgendeinem »Hitler« verwandt
Nehm ich einfach das Credo, das immer geht
1. Liebe. 2. Schmerz. 3. Aktualität
Sie! Ja, genau Sie. 1. Ich liebe Sie
Und doch glaube ich irgendwie
2. Dass es so nicht weitergeht

3. Weil das gerade alles nur für diesen Vers entsteht
Schlägt alles irgendwie in klassisch-tragische Kerben
Deswegen müssen Sie am Ende des Textes leider sterben
Letzter Schritt und längst genormt
Wie man so einen Text dann performt
Die meisten lesen ab und gucken manchmal dumm
Im Publikum rum
Einige lernen auswendig – das ist ein großes Plus
Weil man dann nicht so apathisch umblättern muss
Zusätzlich sollte nicht passieren
Während des Textes zu wild zu gestikulieren
(Doch, genau das mach ich an dieser Stelle immer, es ist
genau das, was Sie denken.)
Man kann Texte auch während der Performance anpassen
Und bei schlechtem Feedback das Ende weglassen
Vielleicht stellt man auch interaktiv hinterher:
»Leude, wollt ihr noch mehr!?«
Das Publikum schweigt dann immer peinlich
Denn dass hier viel mehr steht, bezweifeln alle heimlich
Zur Publikumsbindung sollte man am Ende verweisen
Auf Social Media – auch mich kann man liken
Aber wer cool ist, folgt mir in reality
Denn ich bin der neue Jesus, der neue Goethe
Der neue Jan-Philipp Zymny
Was für eine Klimax, inhaltlicher und sprachlicher Weise
Nur leider, leider ist mein Ende immer scheiße
Das sollte sich kein Mensch geben
So wie Detlef (Sie heißen jetzt Detlef)
Der nimmt sich gerade sanft das Leben

Soll ich Ihnen das Geheimnis verraten, wie man bei Poetry Slams nicht gewinnt? Schreiben Sie einen slamreferenziellen Text. Die Leute hassen das. Und trotzdem hat jeder Slammer mindestens einen. Dieser hier entstand tatsächlich aus der wahrgenommenen Distanz zwischen Lyrik und Slam-Lyrik. Was als aufklärerischer Akt gedacht war, endete also klassisch als Stilmittel-Müllhalde mit finaler Suizidaufforderung.

Ein Stückchen Hölle 5: Spartenfernsehen

Wir schreiben das Jahr 2014. Kopfhörer sind über ein Kabel am iPhone befestigt, die Lombardis sind das maßgebende Traumpaar der Hochkultur und Avocados sind exotisch und ekelhaft, kein valider Brotaufstrich. Ich bin frisch bei einer nicht nennenswerten Produktionsfirma angestellt und dort tatsächlich noch für eine Sendung im guten, alten Fernsehen zuständig – Internet ist noch atonale Zukunftsmusik. Eine Zeit, über die ich, wie ich finde, viel zu viel, wie meine Hooligans finden, viel zu wenig erzähle.

Ein aufschlussarmer Rückblick am Beispiel des 04.11.2014:

13 Uhr morgens. Ich falle aus meinem Hotelzimmer in die U-Bahn, in welcher ich noch schnell meine Zähne putze. In dem Moment, in dem ich in den Mülleimer spucke, bin ich der viertseltsamste Passagier. Nach dem Obdachlosen, der einer Gruppe Schülern anbietet, gegen Geld seinen Penis zu zeigen, dem kleinen Außenseiterkind, das liegengelas-

sene Tageszeitungen anzündet, und Sektenmitgliedern von »Ehre sei Gott in de Höhner«, die Henning Krautmacher für die Reinkarnation Christi halten. Der Duft frischer Döner sowie strickender Veganer steigt mir in die Nase und indiziert meine Haltestelle. Städter sprechen immer von Kulturschocks, wenn sie auf dem Dorf mit Schützenfesten, Schlenderschlücken und Inzest konfrontiert werden. Aber auch ich werde noch ein paar Wochen brauchen, um mich an die zahnlose Predigerin, die für jede Woche Donnerstag das Ende der Welt ankündigt, die kinoleinwandgroßen Plakate zum Thema Scheidenpilz oder die blassen, dürren Hipster, die einen tätowierten Muskelprotz wegen seines ökologischen Fußabdrucks mobben, zu gewöhnen. Vor unserem Produktionsgebäude protestiert eine bärtige Frau gegen GEZ-Gebühren. Meinen freundlichen Hinweis, dass wir wenig politische Entscheidungsgewalt über die Finanzierung unserer Auftraggeber haben, ignoriert sie. Ihre Geschichte, dass sie nun schon drei ihrer sechs Kinder verhungern lassen musste, um das Staatsfernsehen zu bezahlen, rührt mich zwar, rückt sie für mich aber hauptsächlich in ein Licht schlechten Wirtschaftens.

Die alte Duftkerzenfabrik ist von innen noch grauer als von außen, unser Produktionsleiter begrüßt mich mit einer Ghetto-Faust. Er ist 43, sieht mit seiner *OBEY*-Snapback aber aus, als wäre er das vierte Mitglied von Fettes Brot. Oft erzählt er, wie er damals eine Produktion von Hape Kerkeling geleitet hat – danach starrt er minutenlang apathisch geradeaus. Die Technikpraktikanten jagen einen Iltis aus dem Redaktionsraum. »Konferenz heute in der Kantine«, steht in rotem Edding an die Tür gemalt. Für mich ist es ein guter Tag: Ich habe zwei tolle, weil günstige, Einspieler geschrieben, die Magersüchtige aus der Maske hat mir versehentlich zugelächelt und meine Freunde glauben, ich würde ein glamouröses Fernsehleben führen.

»Ah, Sebas... ähh, Pasc..., guten Morgen!«, begrüßt mich mein Chef, der zwar den gleichen Namen hat wie ich, ihn sich aber trotzdem nicht merken kann. Die Stimmung in der Redaktion ist gewohnt schlecht. Fritz Egner hat für die kommende Sendung abgesagt und die Geeks vom Ton haben unser Kokain als Puderzucker für den insolvenzabwendenden Waffelverkauf verwendet. Auf einem Tablet laufen Nachrichten. Wir können nicht schon wieder was über ISIS machen, sind wir uns einig, die wird man in zwei, drei Jahren sowieso zerschlagen. Nach einer Viertelstunde Gags in den Raum werfen, beginnt die erste von sechs Mittagspausen, traditionell für Pizza besetzt. Der 17-seitige Antrag eines Kollegen, nur heute die *Burger-King-* gegen die *Domino's*-Pause zu tauschen, wird mit Dreiviertelmehrheit abgeschmettert. Am Ende des Tages haben wir ein Propaganda-Video zur Deportation von Meeresfruchtallergikern, Nasenbär-Zwillinge als Ersatz für Fritz Egner und den Kalorienbedarf eines durchschnittlichen Zoos abgedeckt. Meine Scripte werden gehamstert, »damit man mal was hat«, wenn die Zeiten schlecht sind und die freien Autoren alle gegen unbezahlte Praktikanten ausgetauscht worden sind (was NIEMALS passieren wird). Ich muss den Rest der Arbeitszeit im Schnitt aushelfen, obwohl ich gar nicht so Recht mit dem *Windows Movie Maker* umgehen kann.

Um 3 Uhr ist dann schließlich Feierabend. Ein Kollege bietet an, mich zum Hotel zu bringen. Obwohl er die ganze Arbeitszeit über getrunken hat und sein Auto nur noch rückwärts fährt, ist das wesentlich sicherer, als um diese Zeit die U-Bahn zu nehmen.

»Ich muss sowieso in die Richtung, um 5 Uhr muss ich beim Bäcker in der Straße putzen. Hier verdienen wir ja nichts«, murmelt er zwischen schmerzhaften Rülpsern. Seine Worte bleiben mir noch lange im Kopf. Als ich mich im Hotel auf den freien Flurplatz neben der Flüchtlingsfamilie lege, kann ich aber schon wieder drüber lachen: Wenigstens haben wir keinen Bürojob! Die armen Schweine müssen morgens aufstehen und dürfen nicht mal ihren alten Mitschülern erklären, warum sie nur bei einzelnen Sendungen im Abspann stehen! Voll Mitleid nehme ich meinen wöchentlichen Social-Media-Dienst wahr und erkläre Hobbytrolls, warum unsere Produktion nicht mehr »so cool ist wie früher«. Eine SMS verrät, dass ich morgen unbezahlt den Waffelstand übernehmen muss. Die Leute mochten den Puderzucker.

There's no business like snow business.

Ich hab' ja nichts gegen Deutsche, aber ...

Oft geschieht es, dass Lokalzeitungen oder Veranstalter, die mich buchen, mich für einen Niederländer halten. Entweder weil sie versehentlich »Jan Wattjes«, ein depressiver niederländischer Maler, mit dem ich eine einseitige Brieffreundschaft pflege, bei Google fanden. Oder aber weil sie tatsächlich meinen Namen als niederländisch dekodierten. »Wattjes« heißt dort nämlich so viel wie Schlappschwanz. Oder moderner gesagt: Pussy. Oder eben Lauch. Es war jedenfalls kein schöner Schüleraustausch.

Ich habe mir seitdem jedenfalls angewöhnt, derartige Veranstalter mit folgendem Text und Ansprachen in Fantasie-Niederländisch zu belohnen:

Deutschland, Deutschland über ...
Dich gibt es viel zu erzählen
Deine Bürger reden jeden Tag über Politik
Aber nur die Hälfte geht wählen
Deine Flagge ziert Autospiegel oder die Hüllen von Handys

Aber nur wenn gerade WM ist
Wer das falsch macht, ist ein Nazi-Hurensohn!
Dabei nutzen die die Flagge gar nicht
In der aktuellen Version
Pünktlichkeit ist hier Tugend und Pflicht
Denkt man im Ausland
Da fährt die Deutsche Bahn auch schließlich nicht
Da herrschen noch ganz andere Klischees vor:
Deutsche hätten angeblich keinen Humor!
Die waren wohl noch nie bei Mario Barth
Oder 'ner Büttenrede
Wie nennt 'n Skandinavier seinen Opa?
Alter Schwede ...
Gefolgt von Tusch oder »Kennste, kennste, kennste ditte?«
Dank eures Nationalgetränks dann tauglich
Für die gesellschaftliche Mitte
Keine Frage, dass euer Volk für Spaß steht
Eure Hobbys sind Graubrot, Steuererklärungen und Pietät
Auch eure Videospiele stellt man sich genauso vor:
Platz 1 2014: Der Landwirtschaftssimulator
Jedenfalls seid ihr ansonsten für alles offen
Wenn ich sage, ich habe mich dieses Jahr jeden Tag besoffen
Keine Reaktion
Wenn ich sage, dass ich rauche, heute 17 Kippen schon
Keine Reaktion
Wenn ich sage, dass ich nicht frühstücke
Seit ich alleine wohn'
»OH MEIN GOTT, DU WIRST STERBEN!
KEIN FRÜHSTÜCK! DAS KÖNNT ICH NICHT!
DA VERHUNGERT MAN DOCH JÄMMERLICH!«

Generell finde ich
Euch ein bisschen widersprüchlich
Wie kann man als größte Errungenschaft
Die Wiedervereinigung nennen
Und dann trotzdem noch in *Aldi Nord*
Und *Aldi Süd* trennen?
Man lacht nicht über NRW wegen der Arbeitslosen
Oder weil der Dialekt bekloppt ist
Sondern weil ihr bei *Aldi Nord* einkaufen müsst
Das ist ein Unterschied wie Nord- und Südkorea
Aber diese Widersprüche beginnen viel eher
Ihr habt den Buchdruck
Und Bücherverbrennungen erfunden
Seid führend im Dressurreiten
Aber reitet lieber Schäferhunde
Auch wenn zwischen »Wir schaffen das«
Und »Wollt ihr den totalen Krieg?«
Nicht mal ein Jahrhundert liegt
Findet hier eine komische Aufarbeitung der Geschichte statt
Ihr habt eine riesige Siegessäule, weil ihr mal heldenhaft
Dänemark geschlagen habt
Aber die Idee zu den Weltkriegen, die hatte immer
dieses böse Österreich
Mit solchen Nachbarn hat man es auch echt nicht leicht
Selbst mit den Franzosen habt ihr euch's versaut
Warum habt ihr euch auch vor Detmold dieses Asterix-
Denkmal gebaut?
Uncool, das ist alles, was die noch haben
Selbst deren Nummer 1 schlimmsten Akzent habt ihr
unterboten dank eurer Schwaben
Aber kulinarisch seid ihr immerhin für alles offen

Döner, Pizza, Burger, Döner, Pizza
Burger, Dönerpizza, Pizzaburger
Wegen Gammelfleisch bis Mittwoch geschlossen
Ihr esst Spaghetti mit dem Löffel
Packt auf eure Pizza Ananas
Belagert italienische Strände, wie ihr wollt
Aber lasst denen doch wenigstens das
Ihr seid die Kultur, die sich durch asiatische Buffets frisst
Aber dann beschwert
Dass euch die Glückskeks-Füllung irgendwie zu pappig ist
Und das ist jetzt schon wieder zu gemein?
Dann lasst euch auf 'ne Gleichung ein:
Deutsche sind für mich jetzt alle Bayern
Alles Bazis, Zeugen Seehofers
Die in ekeligen Lederhosen Konservativismus feiern
Ihr werdet sagen, nein, Unmensch ohne Dosenpfand
Bayern ist nur ein Teil von Deutschland
Holland. HOLLAND!
Nord- und Südholland machen vielleicht
Ein Viertel der Niederlande aus
Okay, okay, Amsterdam liegt dort
Unser vielleicht wichtigster Ort
Vielleicht fahren einige von euch wegen der Kaffeeläden hin
Fänd' ich jetzt nicht so schlimm
Bekiffte Deutsche aus der Amstel fischen
Will ich als Hobby nicht vermissen
Aber ihr musstet es ja wieder übertreiben
Und dieser Stadt typisch deutsch 'nen Schlager schreiben
»Traum von Amsterdam«
Warum habt ihr uns das angetan?

Eure Präsidenten tingeln durch die Welt, weil der
Holocaust ein »Mega-Fail« war
Warum sind wir immer noch eure Opfer?
Habt ihr was zu kompensieren?
Gut, neben sich siezen und schlechten Bieren?
Oder um 4 Uhr morgens vor roten Ampeln stehen
Sich ernsthaft die New-Kids-Filme anzusehen
Kein Königshaus zu haben
Weiße Socken zu Sandalen zu tragen
In teuren Hotels Urlaub zu machen anstatt gratis im
Wohnwagen
Denn wenn's drauf ankommt, werdet ihr immer die Nase
vorn haben
JA, IHR SPIELT BESSER FUSSBALL ALS WIR
Aber pssst: Keiner spielt besser Fußball als ihr!
Haha, eure Müllmänner tragen orange
Haha, es gibt im Deutschen mit Absicht keinen Reim auf
orange
Wisst ihr was, ich spar' mir die Entspannung dieser Lage
Hinterlass' euch aber eine Frage:
Ihr habt das fucking Wurstformat erfunden
Warum sind eure Frikandeln Klumpen?

Müssen wir die Mauer wieder hochziehen?

»Wir sind das Volk«, ein Satz so geschichtsträchtig für diese Nation wie »Ich bin ein Berliner«, »Wollt ihr den totalen Krieg?« oder »Timo Werner ist ein Hurensohn«. Nur erlebte seine Verwendung drastische Veränderung. Ende der 80er mahnte er, den eingezäunten Teil des deutschen Volkes von Mauer, Kommunismus und *Vita Cola* zu befreien. Mitte der 2010er forderte er die Retoure von existenzentrissenen Familien per enge, durchlöcherte Schwimmmatratze übers Mittelmeer zurück in die Ruinen des Bürgerkrieges. Während in Dresden zunächst jeden Montag wieder Reichsparteitag gefeiert wurde und sich die kleinen, nicht resozialisierten Käffer des Ostens mit Feuer und Gewalt wehrten, schafft es in Sachsen nun eine Partei mit den NPD-Plakaten der 90er zur stimmstärksten Kraft. Sind diese Leute etwa wirklich »das Volk«, das Kohl und Genscher der Sowjetunion damals in wirren russischen Trinkspielen abgewonnen haben?

Nein.

Klar, niemand hat die Absicht, eine Mauer zu errichten. Aber wer wüsste besser, dass das nicht trotzdem zufällig passieren könnte? Verkennen Sie nicht die Vorteile: Bonn hätte die Chance, seinen 60er-Jahre Anstrich zu überwinden und wieder den – dann mit noch mehr Abstand – Exportweltmeister zu regieren. RB Leipzig sähe man zukünftig wieder im Stadion der Freundschaft statt im Camp Nou. Selbst die hippen Zentral-Berliner Start-Upper und Fotografie-Studenten wären plötzlich einen bewachten Grenzstreifen entfernt!

Eine Traumwelt. Das Land, in dem Bier und Apfelschorle fließen ...

Allerdings lassen sich anhand eines hochwissenschaftlichen alternativ-historischen Gedankenexperiments auch Nachteile benennen.

Stellen wir uns vor, die Mauer wäre nie gefallen:

Michael Ballack hätte seinen überschätzten Status in den blauen Trikots der DDR ausleben müssen, Kahn wäre somit Kapitän geblieben und als solcher nicht durch Lehmann ablösbar gewesen. Das Sommermärchen 2006: passé. Die Welt zu Gast bei Freunden, die dann doch nur die Feinde vorm eisernen Vorhang sind! Noch zeitnaher und bedeutender: Toni Kroos wäre eine Vereinslegende des Greifswalder SC und Hanno Balitsch (oder Argentinien) Weltmeister 2016. Vergessen Sie Rammstein, die Beatsteaks und Kraftklub; Teenies, Szene und Festivals würden Bands wie Oomph!, Stanfour und Luxuslärm prägen. Oder realistischer betrachtet: Es gäbe keine Szene, die Jugend des letzten Jahrzehnts wäre in Subkulturen versackt, hätte sich totgeritzt oder für die Rap-Karriere die Schule abgebrochen. Eine alleingelassene Generation, die ohnehin schon verstört genug durch das mongoloide West-Sandmännchen gewesen wäre. Nichts mit Schnatterinchen und Pittiplatsch, auch auf Regierungsebene: Merkel und Gauck müssten ihr Dasein im finstersten Mecklenburg-Vorpommern fristen. Die CDU wäre ohne den Aufwind der Wiedervereinigung eingebrochen, die SPD nicht durch das Gemetzel mit SED-Nachfolger die Linke geschwächt worden: Rudolf Scharping ginge in seine 6. Amtszeit als Bundeskanzler, Gesine Schwan redete als Bundespräsidentin die längst eingetretene Abspaltung Bayerns schön. Ein schwarz-rot-silberner Alptraum inmitten des nie beendeten kalten Krieges.

Aber immerhin ohne Nazis!

Oder?

Was man nämlich unter all der Clausnitzer, Bautzener oder Dresdener Bräune gerne übersieht, ist, dass man mittlerweile nirgendwo mehr vor Hetze, Rechtspopulismus und Nebensätzen hinter »Ich bin ja kein Nazi, …« sicher ist. Sei es unter erzkatholischen Mittelstädtern oder den auf das Land geflohenen Bildungsbürgern oder Journalisten, die ob der eigenen Karrieredurststrecke »Lügen« ihrer Kollegen aufdecken. Besser als »die da oben« wäre die Flüchtlingsproblematik ja jeder von ihnen angegangen. Die AfD kam in Gelsenkirchen auf 17 %, Alice Weidel kommt aus Ostwestfalen, Beatrix von Storch aus Lübeck.

Natürlich sind AfD-Wähler nicht automatisch Nazis. Aber Vollidioten, die Nazis wählen. So unvorstellbar es scheint, habe selbst ich keine Antwort auf die Flüchtlingsproblematik. Aber Unterkünfte verbrennen und an der Grenze auf syrische Mütter schießen, ist ziemlich sicher die falsche.

Zieht die Mauer wieder hoch! Das ist tatsächlich keine dumme Idee, aber tauscht doch bitte vorher die ostdeutschen Durchschnittsbürger mit den westdeutschen Rechten, dann können die auch endlich abgeschottet von der Außenwelt ihr ganz eigenes »völkisches« Volk bleiben.

Dieser Beitrag erschien in abgeänderter Ausführung an einigen Orten des Internets. Glauben Sie mir also bitte einfach, dass ich schon alle möglichen Buchstabenkombinationen darauf als »Rückfragen« erhielt. Um nur das Best Of zu beantworten:

Man kann die »nicht vergleichbare« West-AfD nicht unterstützen, ohne die Ost-AfD zu unterstützen. Das ist so, als würde man spekulieren, dass die CDU ohne die CSU regiert.

Man kann nicht einerseits Obdachlose anschreien, dass in diesem Land niemand obdachlos sein muss, und dann andererseits in Ungläubigkeit versinken, dass dieser Staat statt für Geflüchtete nicht genug für seine »deutschen« Obdachlosen tut.

Es wird der Rentenkasse nicht helfen, wenn man Menschen im Steuerzahleralter und mit etwaigen Interesse an Arbeit in der Pflege die Integration verweigert.

Nein, an Hanno Balitsch hätte kein Weg vorbeigeführt.

Lokalpresse Letzteskaff

»*Junge Wortakrobaten begeistern an buntem Abend in uriger Mehrzweckkneipe mit Fantasie, Sprachwitz und dem Ablesen von Wörtern auf Zetteln.*«

(Bild, auf dem Jann Wattjes sich sorgfältig seinen Textblock in den Anus schiebt.)
    Bildunterschrift: Jörn Matjes weiß, wie er seine wachrüttelnden Texte mit Gesten unterstreicht.

Am 27.02. war es dann endlich so weit: Ein volles Dutzend Letzteskäffer erfreute sich an den Slams der Teilnehmer. »Poetrys Lam« ist ein moderner Dichterwettstreit, bei dem selbstgeschriebene Texte abgelesen oder auswendig präsentiert werden (Quelle: wikipedia). Es ist auch das, was Julia Engelmann macht. Nachdem die Veranstaltung bereits zweimal wegen der Stadtmeisterschaften im Voltigieren und nur drei im Vorverkauf verloster Karten abgesagt werden musste, hatten Moderator mit Mütze und Bart und Moderator mit Bart, aber ohne Mütze, ihre liebe Mühe, ein aussagekräftiges Line-up aus fünf Studenten, einem bemitleidenswert alten Mann und einer Quotenfrau auf die Beine zu stellen. Lokalmatador Jens Wettkes, der sich mit einer pointierten Hitlerrede über die Zweckentfremdung von Überraschungseiern nur knapp ins Finale mogelte, entschied den Wettbewerb schließlich mit einem Text über Lokaljournalismus für sich. Seine satirischen Kniffe und fettigen Haare kamen besonders bei den jungen Zuschauern gut an.

»Ich könnte das auch«, verriet im Nachhinein ein begeisterter Fan.

Zur Bewertung der Texte wurden – wie beim »Peotry Salm« üblich – die inkontinentesten und nähest möglichen Verwandten der Teilnehmer als Jury auserkoren.

So berichtete uns die stolze Mutter der Zweitplatzierten freudestrahlend:

»Meine Tochter hat heute viel Schande über unsere Familie gebracht.«

Viele ältere Zuschauer gingen bereits in der Pause, viele andere mittendrin – Moderator 1 wertete den Abend dennoch als vollen Erfolg und wusste: »Morgen gibt es endlich mal wieder was Warmes!«

Man darf gespannt sein, ob sich dieses Veranstaltungsformat in unserem wunderschönen Letzteskaff hält. In Konkurrenzdorf hat es derweil noch nie einen solchen »Poesly Tram« gegeben.

Gewinner Björk Waalkes war so frei, uns seinen Gewinnertext über uns Lokaljournalisten zur Verfügung zu stellen:

Ich steige auf
Aus dem Rauch
Alles Grau

Überall Nichts
Geschmacklos und schlicht
Doch dann komme ich
Trete auf, es wird Licht:
Lokaljournalist.
Was ich schreibe, das ist
Was ich schreibe, das war
Was ich schreibe, wird sein
Und ist letztendlich wahr
Neue Zeile, 20 Cent für mich
Saudi Arabi Money Rich
Deinen Namen weiß ich nicht
Ärgerlich?
Pech für dich!
Ich hab' keinen Dunst
Von eurer billigen Kleinkunst
In dieser Boss und Banger Zeitung
Hab' ich für zwei Bereiche die Leitung
Dein Name fehlt im Text
Im Bild schneid' ich dich weg
Ob's cool war oder schlecht
Entscheide ich, du Knecht
Unser Abo ist euch zu teuer
Also scheiß ich doch auf euer
»Ich glaub, so ohne Bart, das würd' dir auch gut stehen«
»Und überall sollen Schrauben fehlen!«
»Hallo, ich bin Victoria, ich mach' hier sauber«
»Wie viel Mal Busverpassen sind einmal Ebola?«
»Wolken sind Pfützen, die fliegen«
»Die, die das Studium dennoch in Regelstudienzeit
durchziehen, können ja einen Lolli kriegen«

»Ich hab' euch einen Text über Arroganz mitgebracht …
Aber den mach' ich dann im Finale.«
»MACH RANDALE! TÖTE DIE WALE!«
»Physik ist schön. Niemand braucht Physik!«
»Und morgen gibt es Grapefruit zum Frühstück«
Slam, Spoken Word
Alles eh schon mal gehört
Wie könnt ihr als Recht sehen
Im Kulturteil zu stehen
Ich hab' ein Angebot von *Springer*, ich schwöre
Die haben gesagt, dass ich von denen höre!
Ich hab's gar nicht nötig, über euch zu schreiben!
Bin morgen beim Kaninchenzuchtverein
Das sollt' ja eh nur so 'n Studentenjob sein
Aber dann war meine Freundin im Ausland
Ich war im Studium zu entspannt
Und die freie Wirtschaft ist brutal
Für Hip Hop bin ich zu emotional

Und überhaupt … Das ist doch alles kacke hier. Warum werden denn Wertungen gestrichen? Und warum müssen die alle so komplizierte Namen haben? Und wieso darf man ablesen oder reimen oder rappen, aber nicht singen, und warum gewinnen am Ende doch immer die, die am besten aussehen? Und warum kommen denn bloß alle aus Paderborn?!

Weitere Infos zu Kulturveranstaltungen in und um Letzteskaff finden Sie auf unserem Internetauftritt.

Es folgt ein Worst Of echter Lokalpresse-Artikel über mich:

»Der gebürtige Essener« / »Nordfriese« »Jens« / »Jan« / »Jörn Matches« »rappte« »einen nachdenklichen Text« »über sein eigenes Coming-Out«.

Ich verstehe ja, dass man den Esensern gerne die Bürde nähme, meine Heimatstadt zu sein, und mein Name extrem exotisch ist, aber diese Darstellung meines Comingout-Textes ist schon ein bisschen verkürzt.

Der mit dem Dreieck tanzt

Bielefeld-Mitte, 13:37 Uhr.

Der an allen Enden seines Körpers glattrasierte Keith fährt auf seiner Longboard-Hälfte vor seinem favorisierten Dönerlokal »Checkpoint Ali« vor. Seinen Turnbeutel mit mal abstrakten, mal naturalistischen Karikaturen von H. P. Baxxter trägt er lässig um die Brust geschnallt. Mit seinem Monokel prüft er sorgsam die Speisekarte. Nicht an der übergroßen Tafel, sondern in dem veralteten Flyer, den er schon vor Jahren in seinem Postkasten vorgefunden haben muss. Er bestellt eine Portion veganes Dönerfleisch auf die Hand. Einige Umstehende klatschen, andere machen *Snapchat*-Videos. Wenn das geht. Kann man auf *Snapchat* Videos einstellen? Bestimmt nicht. Bei Social-Media-Plattformen geht es ja schließlich nicht mehr um Funktionalität, sondern nur darum, dass ich nicht da bin ...

Ich würde auch einfach zu sehr versuchen, Hipster zu sein, sagt mein PR-Berater in einem lockeren Plausch über mein Wählscheibentelefon. Dabei schreibe ich meine Slam-Texte gar nicht aus Zeitwidrigkeit mit der Hand, sondern lediglich weil ich kein Geld für neue Druckerpatronen habe. Auch das ist gelogen. Ich bin nicht mal cool genug, um arm zu sein, ich bin einfach zu geizig.

Seit Hipster sich aus dem Gerücht, sie seien eine schnell überwindbare Subkultur wie die Cyberpunks, 3rd Wave Emos oder Beliebers, rausgewieselt haben, liegt jeden Tag etwas Neues im Trend. Weshalb ich wichtige Lebenszeit auf *ask.com* verbringe, um aufzuholen. Da wächst mir endlich sowas wie ein Bart und was machen die coolen Leute? Abrasieren und aus den Haaren mit *UHU*-Stiften ausgefallene Kunstwerke basteln. Die trinken schön ihre No-Name-Mate, während ich mich mühsam an den Geschmack *Capri-Sonne Cola Mix* gewöhnt habe. Ich habe auch keine Ahnung, wer diese deutsche Indie-Gruppe ist, die aus zwei Leuten besteht, aber nur einen Vornamen als Bandnamen hat und die man nur solange supporten kann, wie sie EPs und keine Alben rausbringt. Ich bin nämlich wieder in meiner R.E.M.-Phase.

Dass ich damit leben könnte, uncool zu sein, werden viele ehemalige Mitschüler angeekelt bejahen können. Aber es trifft eben auch meine Berufswelt. Wart ihr jemals auf einem Poetry Slam? Das sind alle in Retrohemden gezwängte Raucher, die mit gleichgültiger Ironie in nur fünfeinhalb Minuten die ganze Welt retten. Und ich nuschle da nur vulgär rum, optisch wie der ungepflegte Bruder von Thomas Tuchel und mental auf dem Level des vierjährigen Mario Barth. Immer selbst am lautesten lachend, wenn ich wieder total unerwartet ein Synonym für Phallus einbauen konnte. Das kommt bei den Leuten in etwa so geil an wie meine Delfinmemes, nur dass bei Live-Auftritten selten jemand nach einer halben Stunde doch noch mitleidig »Gefällt mir« drücken kann.

Nicht nur dass in meinem Studiengang plötzlich auch Leute Doktorarbeiten zu den Themen »Trug Jesus am Kreuz *Nike Airs*?« oder »Ist Gott ein Transsexueller, der im Körper eines genderfluiden Pansexuellen gefangen ist?« schreiben können, nicht einmal meine Hobbys sind mehr wahrnehmbar ohne die Vergewisserung hipsteresker Unterlegenheit. Bei dem Spitzenspiel Chemnitzer FC gegen Mainz 05 II blockiert meinen Stammtisch eine Gruppe blondierter Parkaträger, die bei ihren Mützen offensichtlich Wert darauflegen, dass ihre Ohren schön kalt werden. »Die diametral abkippende Doppelsechs macht das Diagonalkurzpassspiel der falschen 8 total antizipierbar«, wird mit einem süffisanten »3. Liga ist aus Ermangelung des Videobeweises für mich dergestalt anachronistisch, dass man mit Second Screening etwaige Zuwiderbewertungen redundieren könnte« gekontert. Mein Gag, dass wir den Videobeweis viel eher damals in der Grundschule beim Brennball hätten gebrauchen können, wird mit Flucht und Erbrechen beantwortet. Egal, wohin ich gehe, die coolen Menschen sind woanders. Als ich mich nach Jahren des Widerstands zu *Facebook* begab, pilgerten die Leute zu *Instagram*. Als ich mühsam erlernte, wie man diese wunderliche App bedient – die im Übrigen viel weniger Funktionen als *Facebook* hat, aber qualitätssenkende Filter – entstand *Snapchat*. Mittlerweile hält man mich sogar für so weit unten, dass ich mir Poesiealbumzitate früherer Mobbingopfer anhören muss: »Jeder ist gut so, wie er ist.« Was so ziemlich das Dämlichste ist, was sich überhaupt mal jemand in einer zugenagelten Schulmülltonne überlegt haben kann. Wenn jemand einem so etwas sagen muss, heißt das nämlich das genaue Gegenteil. Denn man kann IMMER noch besser sein (außer Ryan Gosling natürlich). Ich jedenfalls bastle schon an einer neuen Identität: Ich werde keine klare Sexualität mehr haben, meine politische Meinung mit »alles außer AfD« nach außen hin genau richtig gleichgültig aussehen lassen, meine Ernährung umstellen, weil ich ja ewig vegan gelebt habe, jetzt aber jede Woche anders, mir einen absoluten Underdog-Fußballverein suchen und am besten noch meinen Namen ändern! Vielleicht nehme ich irgendeinen total gängigen Vornamen wie Jan, ändere ihn aber ein wenig um, damit er sich doch abhebt. Und dann häng ich der weichen Indie-Seele wegen noch das niederländische Wort für Schlappschwanz hinten dran! Das wird so endcool und hip und dann schreib ich einen Text, um am Ende festzustellen, dass Coolness immer nur eine Frage der Perspektive und nicht des aktuellen Lifestyles ist. Hach, wär das aber angesagt.

Bielefeld Mitte, 14:02 Uhr.

Keith musste schmerzlich erfahren, dass ein halbes Longboard nur sehr schwer zu bedienen ist, wenn man aus beiden Händen fettigen Döner in sich hineinschaufelt und mit *Beats*-Kopfhörern ironisch Rihanna-Remixe hört. Er geriet in den Gegenverkehr und wird wegen unterlassener Hilfeleistung durch zu coole, gleichgültige Doppelbürger wohl nie wieder laufen können. Denn er ist tot.

Das Internet ist voll!

Als Teaser zu diesem langangekündigten Werk sollte ursprüng-lich ein Live-Freestyle-Gedicht auf meiner unbeliebten Face-bookseite erscheinen. Folgende Fehlermeldung unterband dies:

»Das Internet ist voll.«
Ich weiß auch nicht, was das soll
Aber ich kann nichts hochladen
Und krieg nur Meldungen von vor zwei Tagen
Natürlich war mir immer klar:
Irgendwann ist einfach kein Platz mehr da
Das Internet ist ja nicht die fucking Unendlichkeit
Ich dachte nur, wir hätten mehr Zeit …
Tut nicht so, als hätt' euch niemand gewarnt
Sogar Jesus hat das damals schon geahnt:
»Was du nicht willst, das man dir tut
Gehört weder auf *Snapchat* noch *YouTube*!«
»Erst wenn der letzte Tweet retweetet
Das letzte Ad-Banner gemietet
Der letzte Cyber-Terrorist
Verhaftet ist
Werdet ihr merken, dass man

Übers Radio nicht streamen kann.«

Wir haben nicht hingehört!

Mussten denn immer alle Videos in HD-Qualität sein?

Diese scheiß Ziegen hört man auf 240 Pixel

Genauso schreien

Und mussten wir uns wirklich bei sechs verschiedenen

sozialen Netzwerken anmelden?

Facebook, Twitter, Insta

Die Story-Funktionen sind doch eh dieselben!

Aber ihr musstet ja das Internetvolumen verschmutzen

Und bei allen Anbietern dieselbe Storys-Funktion nutzen

Ab jetzt ist gar keine Auswahl da

Wir müssen wieder SMS schreiben – wie die Neandertaler

Ich werde nie erfahren, wie *Rick & Morty* weitergeht

Oder sehe ich aus wie ein Opa mit Fernsehgerät?

Es ist zu spät

Denn man erntet, was man ... hochlädt

Die 35.000 Fotos vom Urlaub in der Rhön

Mussten doch nicht alle in die *Dropbox*

– die hättest du ausdrucken können!

Musste es wirklich für jeden Song der Welt 'nen

Dubstep-Remix geben?

Und konnte man nicht mit MP3-Qualität leben?

»Nee, das muss .WAV sein,

Weil man sonst die ganzen Sub-Bässe nicht hört«

DAS INTERNET IST VOLL!

Schieb dir deine Sub-Bässe in den Arsch, du Nerd!

Und hätte es nicht gereicht

Uns zu belästigen in der Innenstadt?

Wer ist schuld, dass jede Kleinstadt

'ne Seite mit langweiligen Live-Videos hat?

Konnten wir nicht einfach
Den Dealern im Stadtpark vertrauen
Anstatt uns ein ganzes Darknet aufzubauen?
Warum Lieferdienste auf pizza.de buchen?
Man kann da doch auch einfach anrufen!
Mussten wirklich alle 'nen eigenen *Wikipedia*-Eintrag haben?
Duterte, Juckflechte, August Klar, Aprikosenfladen
Ich finde, dass die sich thematisch überschneiden
Die könnten sich auch einen Artikel teilen
Jetzt ist das Web nutzlos – bald bricht der Krieg los
Und wir kriegen darüber nicht mal mehr Infos
Und das alles wegen 500 Billionen Terrabyte ... Pornos
Obwohl der Normalverbraucher
die in wenigen Minuten konsumiert
Alle in HD, Spielfilmlänge, nach allen Kategorien sortiert
Auf Recycling, erneuerbare Energien – also richtigen Sex
Hat natürlich niemand hier gesetzt
Stattdessen lieber alle Fetische in tausendfacher Ausgabe
Lesbenorgien, Pegging, Altherrenbukake
Esel mit Männern
Zwerge mit Pennern
Transvestiten mit Eunuchen
Kerle, die Penis in Penis versuchen
Selbstbefriedigung
Anleitungen zur Penisverlängerung
Und bei Celebrities gehen dann plötzlich auch
Alle anderen Seiten steil
Dabei waren die Nacktfotos von Emma Watson
Nicht mal geil
Auf dieser sexistischen Note möchte ich ungern verbleiben

Aber jetzt könnte nicht mal mehr
'ne Feministin darüber 'nen Blogtext schreiben!
Was bringt Provokation ohne Aufschrei?
Ist das Technologie-Zeitalter jetzt einfach vorbei?
Wir hatten so viel erreicht
Die *Burger-King*-App machte mich schwer
Aber mein Leben leicht
Die ganze Welt war verbunden
Unternehmen fanden Kunden
Tindernde Twens fanden ... tindernde Twens
Was mach ich ohne Lifehacks und *Twitter*-Trends?
Was bringen einem Tausende Follower dann
Wenn man ihnen nichts mehr mitteilen kann?
Klar, es war nicht alles klasse
Alternative Fakten, Hacking
– und ihr könnt euch nicht vorstellen
Wie sehr ich Bibis Beauty Palace hasse
Und vielleicht ist auch ein großes Plus
Dass man wieder miteinander sprechen muss
Vielleicht hat uns das Internet die wichtigen Sachen
Auch komplett verlernen lassen
Kinderfotos oder Heiratsanträge
Haben doch 'nen viel persönlicheren Wert
Wenn man sich nicht um die Anzahl
Der dafür gegebenen Likes schert
Vielleicht ist der digitale Mensch über die Zeit
Einfach viel mehr digital als Mensch geworden
Vielleicht tut es uns gut, uns nicht mehr in Matches
Oder Facebookfreunde einzuordnen
Moment
Oh, der Text ist hochgeladen

Ich hatte hier oben wohl einfach keine mobilen Daten
Okay, vergesst den Text, besonders den letzten Teil
Das Internet ist noch nicht voll. Sondern voll geil!

Ein Stückchen Hölle 6: Berlin

Eines der grandiosen Privilegien des Tourlebens ist, wie viele Orte des deutschsprachigen Raumes man kennenlernt. Dabei gibt es immer wieder herausstechende Highlights. Aber natürlich auch Tiefpunkte.

Irgendwo zwischen Friedrichshain und Prenzlauer Berg – genau weiß das hier keiner der zugezogenen Schwaben – schlürfe ich einen Diät-Walnusseis-Espresso-Frappuccino mit veganem, laktose- und zuckerfreiem Bioziegenmilchschaum und einem Schuss Hibiskussirup. Wenigstens der gedeckte Apfelkuchen gelang dem Ethnizitäten von allen Kontinenten vereinenden Transmann mit umherrasiertem Dutt einigermaßen. War aber auch Fertigteig. Dezent desillusioniert lege ich den 21 € noch 20 Cent Trinkgeld bei: Für Studenten gilt die 10%-von-10%-Regel. Im Hintergrund entgleist eine S-Bahn (nicht die erste seit meiner Ankunft vor einer Stunde), ein Obdachloser beschimpft mich als ehrenlosen V-Mann und auf der gegenüberliegenden Ampelseite erstickt gerade ein Straßenkünstler an einer qualmgefüllten Seifenblase. Halleluja Berlin. Aber von vorne …

Mein Aufenthalt in ebenjener Hauptstadt der Hipster, Hauptstadt der schlechten Biere, Hauptstadt der unbezahlten Poetry Slams und, naja, Hauptstadt lässt sich natürlich mit meiner Slam-Tätigkeit und nicht mit etwaiger Freiwilligkeit bis Weltoffenheit erklären. Denn entgegen meinem optischen Erscheinungsbild sind mir selbst Köln-Ehrenfeld und Paderborn-Hafenviertel schon zu »berlinesk«.

Bereits die Anreise aus dem freien Westen rät von einem Berlinbesuch ab: Wer nicht ICE fährt, erlebt eine Best-of-Tour durch die verlassensten Orte Sachsen-Anhalts, die kaputtesten Bahnhöfe Brandenburgs, die orthographisch falschesten Graffiti zu den Themen Asylantenabschiebung, Regierungschefexekution und 1. FC Magdeburg sowie das *RTL*-Ranking der dämlichsten Ortsnamen auf -now, -itz und -dorf. Es gibt weder Grünflächenämter noch Modepolizei, hinter den historischen Grenzübergängen ist wirklich alles gebetsteppichpenibel Richtung Berlin ausgerichtet. An der ersten Haltestelle, die schon Berlin, aber noch lange nicht der Hauptbahnhof ist, steigen doppelt so viele Bettler, Gaukler, Unterschriftensammler und Zeitschriftenverkäufer zu wie Fahrtgäste. Wie von Zauberhand bilden sich Prügeleien, Orgien und unüberhörbare Rechtshetze, während aus einem kaputt blinkendem *iPhone* laut die Aggro-Ansage Nr. 4 ertönt. Im Hauptbahnhof selbst wird mir angeboten, in ein Start-up für die Besiedlung des Uranus zu investieren und meine Neurodermitis für nur 5,99 € im Monat von der Phallusgöttin Nessaja heilen zu lassen. Die Sehenswürdigkeiten lassen sich relativ schnell mit dem Linienbus abfrühstücken, das Brandenburger Tor habe ich nun schon mit allen meinen

Instagram-Bekanntschaften im Vordergrund gesehen, die Siegessäule lockt bildungsfernes Publikum an, das denken könnte, wir hätten nicht bloß Kriege gegen Dänemark gewonnen, dem Reichstagsgebäude darf man sich nur bis zu 5 Kilometern nähern, ohne von Wasserwerfern oder Tränengas getroffen zu werden, und der Fernsehturm ist halt ein Fernsehturm. Man macht doch auch nicht Urlaub in Wolfsburg, um sich *VW* anzuschauen?

Ich habe Berlin durch. Dabei habe ich noch nicht einmal eingecheckt in der Herberge, die früher mal ein Puff, Kastrationshotspot, Stasigebäude und dann wieder Puff gewesen ist. Die Menschen um mich herum verschlimmern alles nur noch. Alle Männer habe ich entweder schon mal so in Dokusoaps gesehen, tragen auf ihrem Cityroller Anzug oder sind Cro. Alle Frauen tragen entweder *Desigual*-Kopftuch, politisch-aussagekräftige Damenbärte oder trotz Babybauch bauchfrei. Ein fast normal aussehender Mann in postwitzigem Bärliner-Shirt spricht mich an: »Gehtsch ihne net gut?« Ab da ist alles schwarz.

Ich habe Dörfleritis. All die Jahre der Abgrenzung von Schützenvereinen, Scheunenfeten, *Bacardi*-Fanta und *Jever Fun* waren vergebens. Ich kann so viel »Kultur« nicht ertragen und liege auf dem Fuß-, Rad-, Segway-, Hoverboard- und Bierbikeweg. Als ich mit dem Kinderwagen einer Urdu sprechenden Dame im Gesicht erwache, schnüren mir die Träger meines »Jann Wattjes: Waterboarding für die Seele«-Turnbeutels den Hals zu. Hier bin ich nichts. Absolut niemand. Wie geil ist das denn?!

Jeder hier ist berühmter als ich – sei es wegen des eigenen *YouTube* Channels, eigenen Fashionblogs, eigenen Cafés, vor das Udo Lindenberg einmal einen dicken, schwarzen Qualli rotzte, oder auch nur wegen einer Umfrage zu *Chipsletten*, weshalb man mal im Hintergrund einer *rbb*-Nachmittagssendung zu sehen war. Selbst die Hertha-Fans, die hier Mülleimer und Kleinkinder anzünden, werden faszinierter wahrgenommen als ich. Hier mache ich nicht »den Ruf unserer schönen Uni kaputt«, hier soll ich nicht »noch mal den Gag mit dem Kokeln machen« oder »was Lustiges über Haie« erzählen. Hier sehe ich aus, wie man 2013 aussah, bin uninteressant und witzige Leute sind sowieso Faschisten.

Ich werde hier untertauchen. Als Lobbyist, Falafeltester, Jutebeutelnäher, Feuerschlucker, was weiß ich. Hauptsache nie wieder Bücher schreiben.

Danke

Mein herzlicher Dank gilt allen, die an diesem Werk eine Mitschuld tragen.

Katze, der überhaupt erst die Idee hatte, meine wirren Bühnenmonologe in einem Buch zusammenzufassen und immer seine schützende Pfote darüberhielt.

Dem Lektora-Verlag, der mir dieses Projekt so angenehm gestaltet hat, dass es sich zu keinem Zeitpunkt wie Arbeit angefühlt hat.

Denise, die mir aufopferungsvoll und geduldig Zeichensetzung beigebracht hat.

Meinen Kollegen und Freunden, die, obwohl ihnen der Großteil dieser Texte schon tief zu den Ohren raushängen muss, immer genauso unkritisch waren, wie ich es brauchte.

Inga, die mir in dieser Zeit so viel Kaffee gekocht hat, dass wir auf Kapseln umgestiegen sind.

Steffen von Subway, der mir in der legendären Nacht, in der ich die Texte über Speiseeis und Philosophie schrieb, durchgehen ließ, dass ich 19 Cent zu wenig dabei hatte.

Meinen Eltern, die nie müde geworden sind, mich in dem unkonventionellen Leben, von dem dieses Werk erzählt, zu unterstützen.

Meinem Großvater, mit dem ich auf mein erstes Buch trinken werde – worauf ich mich schon sehr freue.

Bei Lektora erschienen

Johannes Floehr

Buch

Wissenschaftler haben herausgefunden: Der Klappentext ist der wichtigste und zugleich unwichtigste Text eines Buches. Ihn liest jeder und niemand. Er dient im Optimalfall als Kaufentscheidung, kann aber, falls schluderig formuliert, auch abschreckend wirken, z. B. durch Rehctschriebfehler. Enthalten sollte er grundsätzliche Informationen über den Autoren des Buches: Wann ist er wo geboren worden, vielleicht auch warum? Hat er bislang etwas Tolles erreicht in seinem Leben? Wohnt er irgendwo? Sowas muss da hinein. Erst recht, wenn der Titel der Textsammlung nichtssagend »Buch« lautet und der Autor ein Krefelder namens Johannes Floehr (Jahrgang 1991) ist. Immerhin gewann er 2014 den Jugendliteratur
preis des Heinrich-Heine-Instituts für einen Text, der auch in »Buch« enthalten ist. Ob man herausfinden kann, welcher?

»Johannes bringt Tiefe in Stumpfsinn, Witz in Tragik und man spürt die Liebe, die er in alle seine Geschichten steckt. Ein außergewöhnliches und seltenes Talent. Er ist der Bundeskanzler, den wir uns alle wünschen würden. Zum Glück hat sich fürs Schreiben entschieden.«
(Jan Schmidt)

ISBN 978-3-95461-110-2
12,00 Euro

www.lektora-verlag.de/shop

Bei Lektora erschienen

Jean-Philippe Kindler

Ein Stück Quiche in Krefeld-Fischeln

»Für diese Quiche werde ich dich immer lieben, Lars«, sagte ich. Zu Lars, dem Besitzer des *Café Max und Moritz* in Krefeld-Fischeln. Dort findet regelmäßig ein Poetry Slam vor 40 Leuten statt und so nahmen die Gedichte und Geschichten ihren Anfang.

Kindler ist mittlerweile NRW-Meister im Poetry Slam und Liebhaber der sprachlichen Präzision – so geht es in seinen Texten mal um den Geruch, wenn man eine Kerze auspustet, und mal um die Vermutung, dass die CDU der Kiffer der Parteien in Deutschland sein muss.

»Jean-Philippe Kindler ist ein kleiner Junge: Absurd und brachial. Aber er hat den Feingeist eines Herren. Er ist wie Benjamin Button, nur dass der Vergleich an dieser Stelle völlig sinnlos ist.«
(Jason Bartsch)

»Läuft bei ihm.«
(Seine Mutter)

ISBN 978-3-95461-118-8
12,00 Euro

www.lektora-verlag.de/shop

Bei Lektora erschienen

Elias Hirschl

Glückliche Schweine im freien Fall

Elias Hirschls Texte vereinen Mathematik und Drogenexzesse, Philosophie und Kneipenschlägereien, Wittgenstein und Monty Python, Bernhard und Brezina. Das vorliegende Buch versammelt die seltsamsten Storys und Slam-Texte aus einer Dekade künstlerischen Schaffens. Väter in Kühlschränken, schwebende Kinder, krimiaffine Serienmörder, fehlende Vokale, zwitschernde Wecker, klingelnde Vögel, Sicherheitslöwen, vegane fleischfressende Pflanzen und naturgemäß eine dekadent hohe Anzahl glücklicher Schweine im freien Fall – das alles sind Wörter, die Sie in diesem Buch finden können. Oder in einem Wörterbuch. Da stehen sogar noch mehr Wörter drin. Kaufen Sie sich ein Wörterbuch!

»Unprätentiös anarchisch! Der beste Autor seiner Generation! Leider viel zu früh gestorben.«
(Berni Wagner)

»Der Hirschiboi hat mir mal meine Brille aus einem See gefischt!«
(Käthl)

»Ich kenne Elias vom Sehen.«
(Johannes Floehr)

ISBN 978-3-95461-109-6
12,00 Euro

www.lektora-verlag.de/shop